圓夢規劃 × 自我紓解 × 情緒管理 ×

哈佛凌晨四點半

韋秀英 編著

全球
百萬冊
紀念版

掌握哈佛
成功策略

—— 從自我管理到社交技巧的全面提升！ ——

明確目標　跟著哈佛學子
規劃行動　改變自我

「勤勞一日，可得一夜安眠，勤勞一生，可得幸福長眠」。

情緒管理、創新思維、團隊合作、習慣優秀……
用哈佛教育理念提升個人競爭力，一步一腳印邁向成功！

目錄

目 錄

前言

　　哈佛大學，美國人稱之為「思想的寶庫」，哈佛不僅為美國培養了無數位頂尖的人才，也見證了一個國家甚至整個世界的興起與繁榮。哈佛就像一顆璀璨的明珠，鑲嵌在美國麻薩諸塞州，成為萬千學子心中的夢想聖殿。

　　在哈佛大學成立 350 週年的慶典上，美國廣播公司的著名評論員喬‧莫里斯（Joe Morris）曾經說過：「哈佛大學曾經培養了 6 位美國總統、33 位諾貝爾獎得主、32 位普立茲獎得主和數十家跨國公司總裁，這樣一所頂級大學的影響力，足以震動整個國家……」

　　你知道是什麼讓哈佛學子如此勤奮努力地學習嗎？為什麼從哈佛走出了那麼多人才？哈佛教授對學生說得最多的一句話是：「如果你想在畢業以後，在任何時間、任何地點都如魚得水，並且得到大眾的欣賞，那麼你在哈佛求學期間，就不會擁有閒暇的時間去曬太陽！」這就是哈佛精神的完美展現。

　　要知道，在追求成功的道路上，有千千萬萬和你同樣優秀的競爭者，如果你不全力以赴，不以最正確的姿勢付出更多的努力，又憑什麼成為最後的成功者呢？

　　哈佛學子勤奮努力、自信熱忱，懂得創新與行動，也懂得如何抓住機遇，這樣的學習態度能夠幫助他們獲取更多的知識，培養更多的能力，最終成為更加優秀的人才。這也讓我們知道，最優秀的人往往不是「天才」，而是願意以最正確的方式付出更多努力的人！

前 言

　　英國著名的美學家博克（Edmund Burke）曾說：「如果你找到正確的方法，就能從浩瀚無際的書海中找到絢麗多彩的貝殼。否則，你只能像盲人一樣在黑暗中努力摸索，最後卻一無所獲。」

　　本書彙集哈佛大學的教育理念，從人生智慧、優秀特質等多個角度，充分詮釋了哈佛大學教育的精髓所在，觸及人生最樸素的感情和最本質的人性，深入淺出挖掘出成長路上最豐富也最行之有效的成功內涵，其中還包括哈佛教授和哈佛學子的成長故事，以及一些實用的學習方法。我衷心希望青少年朋友能夠透過閱讀本書，體會到哈佛學子身上的優秀特質，並且將其融入到自己的生命中，為自己開啟成功的大門，與哈佛學子一路同行，與哈佛學子共同成長！

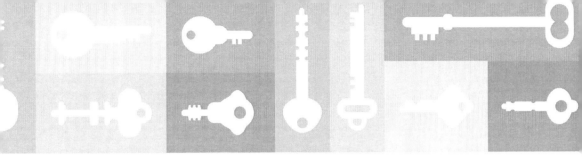

第一章
選擇什麼樣的理想，
就會有什麼樣的人生：
讓夢想走在路上

沒有做出規劃的夢想是難以輕易實現的，它也許會與現實背道而馳。哈佛倡導我們去重視自己的夢想，並做出一切努力來增加它變成現實的可能性。

是的！樹立明確的目標非常重要

　　一個人可以非常清貧、困頓、低微，但是不可以沒有夢想。只要夢想一天，只要夢想存在一天，就可以改變自己的處境。

—— 歐普拉・溫芙蕾（Oprah Winfrey）

　　多年以前，哈佛教授曾帶領一個行為調查小組，對 100 名新生抽樣調查。調查小組向每一位新生提出一個同樣的問題：「10 年以後，你希望自己在什麼地方，從事什麼職業？」這些新生給出了不同的答案，有的希望得到財富和榮譽，有的希望改變世界，還有的希望成為醫生、老師或科學家。

　　對於這些新生的回答，調查小組並沒有感到奇怪，因為這些新生都是出類拔萃的頂尖人才，否則也不可能被哈佛錄取。在這 100 位新生中，還有 10 位決心改變世界，而且將自己的夢想與計畫清清楚楚地寫了出來，其中包括自己在什麼時候將取得什麼樣的成就，取得這些成就的理由又是什麼 —— 其他 90 位新生並沒有這樣做！

　　10 年之後，調查小組發現，那 10 位擁有遠大而清楚目標的新生，個個都取得了非凡的成就。他們的財富加起來，竟然占到那 100 位新生財產的 96%，也就是說，他們的成功率超過其他新生整整 10 倍。最後哈佛教授與調查小組共同得出結論：確定明確的目標與制定可行的計畫，是實現夢想的兩個基本步驟。沒有目標就像失去了前進方向的燈塔，再努力也只是四處亂撞；沒有計畫就失去了行動的指南，夢想再美好也無法正式啟航。

　　美國保險業之父格萊恩・布蘭德（Glenn Bland）在自己的著作《一生

的計畫》（*Success!: The Glenn Bland Method*）中寫道：「目標和計畫是通向快樂與成功的魔法鑰匙。有了明確的學習目標和計畫，並把它們寫下來付諸行動的人，他們將來的成就，是有目標和計畫但僅停留在腦子裡或紙上的人的 10 ～ 50 倍。」

明確的目標與可行的計畫真的那麼重要嗎？看完下面這個故事你就明白了。

有一對年輕的夫婦，他們有兩個可愛的孩子，小的叫麥可，大的叫莎拉。兩個孩子都很喜歡小動物，於是在麥可 4 歲，莎拉 6 歲的時候，夫婦倆決定為他們養一隻小狗。小狗被抱回來以後，夫婦倆還專門聘請了一位馴獸師來訓練牠，希望小狗能夠變得乖巧聽話。

當馴獸師見到小狗時，問夫婦倆：「小狗的目標是什麼？」

夫婦倆感到十分詫異，一臉疑惑地說：「一隻小狗能有什麼目標啊！牠的目標肯定就是做一隻小狗了。」他們實在想不出，一隻小狗還能有什麼目標。

馴獸師卻嚴肅地搖了搖頭，說：「每隻小狗都必須有一個目標，否則我們根本沒辦法訓練牠。你們是想訓練牠守門，還是和孩子們一起玩耍呢？或者只是作為一隻寵物？你們必須給我一個明確的回答，這些就是小狗的目標。」

「那就把牠訓練成兩個孩子的玩伴吧！」夫婦倆同時答道。

馴獸師點了點頭，然後透過自己的精心引導，將那隻小狗成功地訓練成兩個孩子的好朋友。牠的舉止可愛，品性忠誠，而且具有敏銳的洞察力。就這樣，小狗成了這個家庭的一分子，伴隨著兩個孩子一起成長。

　　更為重要的是，透過馴獸師的啟發，還讓夫婦倆學會了怎樣教育自己的孩子，怎樣為他們樹立明確的目標，讓兩個孩子知道自己應該做什麼。夫婦倆的教育也沒有令人失望，小莎拉長大後成了一名出色的電臺主持人，而麥可成了紐約第 108 任市長 —— 麥可・彭博（Michael Bloomberg）。兩個孩子成了兩位成功者，他們卻始終記得馴獸師說過的那句話：「一隻小狗也要有自己的目標，更何況一個人呢？」

　　偉大的愛因斯坦（Albert Einstein）曾經說過：「在一個崇高的目標支持下，不停地工作與學習，就算很慢，也一定會獲得成功的。」可見目標與規劃對於實現夢想有多麼重要。

　　哈佛學子都懂得規劃自己的人生，他們知道自己現在應該做什麼，接下來應該做什麼，將來應該做什麼，雖然這樣的人生規劃可能會發生變動，但是方向是始終不變的。當然，規劃也不是簡單地列計畫，同時你還必須注意 ——

為自己制定一個目標

　　目標就像海上的明燈，是一個人行動的指南針。如果沒有目標，我們就會像海上盲目漂泊的船隻一樣，永遠也靠不了岸。還記得 2014 年的奧斯卡最佳影片《地心引力》（Gravity）嗎？所有的太空人都只有一個目標，那就是返回地球，如果他們沒有這個目標，那麼就會被茫茫的太空吞噬掉。所以說，規劃人生的第一步，就是給自己制定一個目標。

根據目標制定實行計畫

有了目標之後，就是怎麼去實行的問題，這就好比運動員有了目標之後，如果沒有相應的刻苦訓練，就無法取得金牌一樣。當有了目標之後，還必須給自己制定行動計畫，也就是列舉出達成目標的每一小步。

為目標累積資源與條件

如果你想把自己制定的每一步計畫都順利地完成，那麼還需要很多現實的資源與條件，這也很好理解，比如你要上戰場殺敵了，可是手中沒有刀槍劍戟，又如何殺敵致勝呢？為目標累積資源與條件，它們可以是知識、智慧，也可以是現實中的某種技能。

馬上付諸現實行動

行動是把目標變成現實的唯一途徑，如果沒有行動，目標永遠只是目標，而不會變成現實。

成功的人之所以成功，是因為他們只想自己要的，而不將一丁點兒時間和精力浪費在自己不要的東西上。因此，每個人都一定要釐清自己要達到的目標和彼岸，要抓住主要矛盾，做好當下最要緊的事情。就像春天要播種，夏天要成長，秋天要收穫，冬天要休整一樣，這才是智者的選擇。成功的人生永遠只屬於那些有高遠的目標、有心無旁騖的精神和奮勇向前幹勁的人！要時刻抵禦賽蓮海妖的歌聲，時刻修剪主幹旁邊的枝枝蔓蔓，這樣才能走向目標，實現目標，贏得輝煌！

哈佛小測試

你未來的目標是什麼？

有一天，你走在放學的路上，低頭看到地上有別人遺落的鑰匙，你覺得是：

A. 兩三把鑰匙。

B. 只有一把鑰匙。

C. 有一大串鑰匙。

結果分析

選擇 A：對於未來，你擁有無限的憧憬；對於生活，你充滿了無限的熱情。你覺得未來就像一扇開啟的窗戶，有無限的可能性。不過別人對你的評價卻是好高騖遠、眼高手低，所以你應該按部就班地去實現自己的目標，從手上最實際的事情做起。

選擇 B：你現在正面臨著人生的岔路口，至少擁有一個以上的目標，所以有點猶豫，不知道應該往哪個方向走。這時候你應該多聽聽老師或父母的建議，不要急著做出決定。

選擇 C：你是一個對未來方向十分明確的有志之士，既然決定了目標，就勇往直前，不要停滯卻步！

自知之明是通往坦途的指南針

一個沒有自知之明的人，無論何時何地總會有無數的坎坷與障礙在等待著他。

—— 拉爾夫・沃爾多・愛默生（Ralph Waldo Emerson）

每個人都擁有自己的夢想，無論它是平凡的，還是偉大的，都像一盞耀眼的明燈，指引著人們前進的方向。對於沒有夢想或者夢想不明確的人來說，未來卻是迷茫的。

我們看到，在追求夢想的路上，有的人進入迷亂的森林不知該去往何處，有的人艱難地爬到半山腰卻半途而廢，有的人走到了路的盡頭卻發現是條死路……那麼在茫茫人生路上，如何才能讓自己的夢想實現呢？

哈佛大學的一項研究顯示，很多人之所以會一事無成或者自暴自棄，很大一部分原因都是對自己沒有清楚的認知。他們不知道自己擅長什麼，也不知道自己想要什麼，在追求夢想和成功的過程中，一開始就選錯了道路。如果方向錯了，那麼前進不如停止，甚至等於在倒退。因此，不管你現在做什麼，以後想要做什麼，首先都要對自己有一個清楚的認知，知道自己想要什麼，擅長什麼，而不是在他人的議論中迷失了自己。

被譽為「哈佛明珠」的大文學家愛默生說過：「一個沒有自知之明的人，無論何時何地總會有無數的坎坷與障礙在等待著他。」為了讓哈佛學子擁有「自知之明」，能夠清楚地知道自己想要什麼，能夠準確地找準人生的定位，哈佛教授經常會給學生們說一些「認清自己」的小故事，其中

有一個比較經典的小故事是這樣說的：

在公園裡，各式各樣的花草樹木繽紛亮相，其中有蘋果樹、梧桐樹、橡樹，還有玫瑰花、鬱金香和梔子花，讓整個公園生機盎然、花果飄香。

然而，有一棵小樹苗總是鬱鬱寡歡。它不知道自己是誰，以後要成為什麼。看著參天大樹它很羨慕，看著果實纍纍它很憧憬，看著花兒綻放它也想怒放。再加上，公園裡其他植物你一言，我一語地向它推薦，更加讓小樹苗困惑了。

蘋果樹對它說：「你如果像我一樣努力生長，就一定會結出美味的蘋果來，你看看我，結出了這麼多蘋果，人們多喜歡我啊！」

聽了蘋果樹的話，小樹苗似乎有了方向，可是慢慢地它發現，自己已經夠努力了，可是卻不能像蘋果樹一樣結出果實。

這時候，玫瑰花對它說：「你別聽蘋果樹的，要長出蘋果來多不容易啊！你看看我，開出玫瑰花來才好呢！我雖然沒有果實，可是我的花朵這麼漂亮，人們更加喜歡我呢！」

小樹苗又改變方向，希望自己也像玫瑰一樣，開出絢爛無比的花朵。但是，它越是想這樣，就越覺得力不從心。

有一天，一隻鳥飛到了公園中，落在了小樹苗上，它看到小樹苗悶悶不樂，便詢問它不開心的緣由。

小樹苗把自己的苦惱告訴了小鳥，小鳥聽了之後說：「其實，你應該全面而正確地認識自己，不要總想著模仿別人，也不要總活在別人的期許中。每個人都有不一樣的人生之路，你要釐清自己真正擅長的是什麼，真正想要的又是什麼，這樣你才能健康地成長，走出自己的一片

天，長成自己想要的樣子。」

小鳥的話讓小樹苗豁然開朗。它敞開自己的心扉，細細審視自己，認真思考自己的特點和內心最真實的追求。終於明白自己是一棵不會結出果實，也不會綻放花朵的樹木，它所能做的是努力成長，為人們撐開一片綠蔭。很快，它就長成了一棵挺拔的大樹，每一個乘涼的人都對它青睞有加。

看完這個故事，你有什麼感想呢？其實哈佛教授只是為了讓學生明白，想要正確樹立自己的夢想，成就最偉大的事業，就不要迷失自己，也不要對自己有錯誤的判斷。在開始奮鬥之前，一定要對自己先有一個正確而全面的評估，以後的人生路才會走得順暢而快樂。

尤其是激情高漲、雄心勃勃的青少年朋友們，你們的夢想如此美好，你們對未來、對生活充滿了憧憬，那麼，怎樣才能釐清自己究竟想要什麼，走好自己正確的人生之路呢？我想，我可以告訴你以下幾件事情：

你的夢想最好與自己的興趣愛好相結合

當你做自己感興趣的事情時，總會擁有無窮的力量，並且會感到很快樂。因此，你應該根據自己的興趣愛好與特長，找到理想與興趣愛好的結合點，揚長避短，樹立正確的人生目標。如果你思維邏輯縝密，可以考慮往數學方面發展；如果你喜歡音樂就試著報考音樂學院；如果你喜歡美術，就試著去關注美術系所；如果你擅長演講，就可以往企業講師方向發展。

要學會務實，不要混淆了理想和白日夢

　　白日夢是一種幻想，青少年要追求並努力實現夢想，就必須要先從消滅幻想開始。要知道，生活中，包括了千頭萬緒，也充滿了種種變數和偶然性，但它並不受制於這些情況，它是有一定的規律可以遵循的。所以，你不能為了那些飄忽不定的白日夢而浪費時日。因為夢想是行動的前提和動力，如果一個人的夢想是不切實際的，甚至是雜亂不堪的，那麼後果一定會不堪設想。哈佛教授也經常教育學生：「不要做『白日夢』，不要整天想著那些不切實際的夢想，而應該實實在在，為那些有可能實現的夢想去努力、去奮鬥。」

有必要提前做好「圓夢規劃」

　　夢想給了你方向和力量，可是它畢竟在很遙遠的未來，你必須為此走很長一段路，這段路就叫作成長。當然，你可以先設想一下：未來的某一天，你在家人、老師和同學的歡呼聲中，終於實現了自己的遠大夢想……可是在這之前呢？你必須為了自己的夢想付出很多汗水和努力，必須不斷跌倒、不斷爬起，必須提前做好「圓夢規劃」，然後才能一步步前進！

要學會正確面對挫折

　　實現夢想的道路不會永遠平坦，總會遇到挫折和困難，這些都是不可避免的。當你遇到挫折與困難的時候應該怎麼辦？當然不能因為感到困難而懷疑自己的夢想，而應該調整好自己的心態，正確地看待挫折與

困難。在這個世界上，沒有什麼是一蹴而就的。只要你認清了自己，知道自己的選擇是正確的，那麼就一如既往地勇往直前吧！

一位哈佛畢業生曾經說過一段非常經典的話：「如果我不知道自己到底想要什麼，就不知道自己該去追求什麼。如果我不知道該去追求什麼，那麼，我就不得不傻傻地等著、盼著，靠生活的殘羹冷飯過活。」由此可見，認清自己的需求，了解自己真正想要什麼，也是獲得成功的前提條件。在樹立遠大的夢想之前，一定要有自知之明，它是通往坦途的指南針。如果你要獲得自己的別樣人生，就需要走自己的道路，並且毫不妥協地去追尋。一個沒有自知之明的人，也不知道自己想要什麼，追求什麼，他又如何樹立自己的目標與夢想呢？只有認清自己的情況，樹立一個切實可行的夢想，才有實現的可能。

哈佛小測試

你知道自己的夢想有幾分嗎？

為了讓你對自己的夢想更加了解，請你和爸爸媽媽一起來做下面的測試，讓他們來提問，你來回答，再讓他們根據你的真實情況來給分：

1. 如果你的夢想實現了，你將是世界上最快樂的人嗎？

2. 你把自己的夢想告訴了身邊的人，包括你的家人、老師和朋友了嗎？

3. 當你的夢想遭到別人的質疑時，你依然會堅持自己的夢想嗎？

4. 你已經將自己的夢想寫了下來，包括主要的目標和計畫嗎？

5. 你每天都在思考自己的夢想，包括每天睡覺和醒來的時候都想

著嗎？

6. 為了實現自己的夢想，你已經對自己的生活和學業做出一定的改變了嗎？

7. 你願意為了實現自己的夢想，去做一些特別困難的事情嗎？

8. 如果你的夢想實現了，你能說出除你之外將受益於你的夢想之人的名字嗎？

9. 就算你的夢想最後沒有實現，你也覺得自己付出的努力是值得的嗎？

10. 你有為自己的夢想至少堅持了一年的時間嗎？

結果分析

上面的題目，回答「是」得 1 分，回答「不是」得 0 分。

1～3 分：你的「夢想」可能只是一時興起的想法，並沒有考慮太多，所以要花點時間反思一下，什麼才是你真正的夢想。

4～6 分：你對夢想的認知是模糊的，雖然心裡想那樣做，也給自己定下了具體的目標，可是沒有落實到具體的細節。

7～9 分：相信你已經為自己的夢想付出了一定的努力，只要堅持下去，努力克服重重困難，就有機會實現自己的夢想。

10 分：恭喜你對自己的夢想很清楚，也知道怎樣去做，相信你堅持下去，就能夠看到自己的夢想結出果實。

信念，絕不能隨意丟棄

噴泉的高度不會超過它的源頭，一個人的事業也是這樣，他的成就決不會超過自己的信念。

—— 亞伯拉罕・林肯（Abraham Lincoln）

在哈佛校園裡流傳著這樣一句話：「擁有什麼樣的信念，就會擁有什麼樣的結果。」你能夠理解這句話的意思嗎？一個人所創造出來的結果，往往是透過行為產生的，而一個人的行為通常會受到信念的支配。

什麼是信念？當我們從字面上來理解「信念」時，會發現特別有意思。其中，「信」指的是我們所說的話，而「念」就是指今天的心。那麼，「信念」兩個字合併起來，就可以理解為「今天我的心對自己說的話」了。強烈的信念是實現夢想的動力泉源，因為它能夠激起人們的潛在力量，幫助人們更加積極地思考問題、解決問題。比如在你一無所有的時候，信念能夠給你堅持的勇氣，讓你重新站立起來，繼續努力奮鬥。

我曾經看過這樣一個關於「信念」的故事：

一支探險隊進入了撒哈拉大沙漠，隊員們在大沙漠裡負重跋涉。他們口渴難耐，而且心急如焚。這時，隊長拿出一個水壺，對隊員們說：「我這裡還剩一壺水。但是，在穿越沙漠之前，誰也不可以喝。」就這樣，這壺水成了探險隊穿越沙漠的信念，成了他們求生的寄託。水壺不斷地在隊員們的手中傳遞著，這份沉甸甸的感覺，讓隊員們看到了生機。最終，他們頑強地走出了沙漠。大家喜極而泣，當擰開那個壺時 —— 從裡邊緩緩流出來的，卻不是水，而是滿滿的一壺沙子！

可見，信念的力量是如此巨大，它就像一支火把，能夠點燃一個人

的無限潛能和激情。很多時候，你也擁有自己的信念，只是還不堅定，常常因為一些外在的因素或者內心的畏懼而輕易放棄，這些都會阻礙你的成功，讓你止步不前，甚至不斷後退。因此，無論你的夢想是什麼，都必須堅定自己的信念，而不是隨意丟棄。

信念會產生巨大的力量，引領著你一步步向成功靠近！當你擁有了堅定的信念之後，一切艱難險阻都會變得微不足道。青少年也必須明白，實現夢想的過程是非常艱辛的，通往夢想的道路也是荊棘叢生，常伴有險阻和急流。但是在我們身邊，那些信念堅定、意志堅強、不畏艱險的人，最終都取得了勝利。這樣的例子並不少見。因此，實現理想的普遍法則便是：以信念追求理想，以艱辛換取成功！當你因為現實的困難想要放棄時，一定要告訴自己：「理想可以調整，但是信念不能放棄。」

實現夢想需要堅持，只要你能夠找到堅持的信念，就能夠將黑夜變成白晝。可是，當你感到疲憊、迷茫的時候，又如何去學會堅持呢？要有必勝的信念。

無論生活給了你一張怎樣的試題，你都要有堅定的信念，交出一份最好的答卷。不管遇到什麼事情，都不能氣餒，都不能輕言放棄，要相信堅持到底，成功必然屬於自己。

要學會自我紓解

當困難和失敗與你不期而遇的時候，你一定要學會自我紓解，要將所有悲觀的情緒化為樂觀的情緒，要擁有戰勝困難和失敗的勇氣，絕對不能認輸，不能坐以待斃。

要學會自我安慰

當失敗降臨的時候，你應該努力恢復自己的心理平衡，要學會給自己減輕壓力和挫敗感，不要沉溺在失敗中無法自拔。

要學會重新出發

失敗了並不可怕，只要你重新鼓起勇氣再次出發，總能將失敗踩在腳下。

哈佛大學有這樣一句催人奮進的經典格言：「堅持，堅持，再堅持，最後勝利一定會屬於你！」哈佛學子也經常會用這句格言來鼓勵自己，當他們在追求夢想的過程中遇到困難或挫折時，總會尋找堅持下去的勇氣和信念。無論是誰，想要實現自己的夢想，都要經過漫長的黑夜，幾乎沒有一個人能夠逃脫失敗的困擾。面對這樣的情況，你要做的就是堅持，絕不能隨意丟棄自己的信念！哈佛是一個尋夢的地方，每一位哈佛學子都有自己的遠大夢想。不過，就算是哈佛學子，也僅僅是一部分實現了自己的夢想。大多數人沒能實現自己的夢想，而是站在成功的門口，因為他們放棄了自己的信念。

哈佛小測試

你擁有實現夢想的必勝信念嗎？

請對下面的題目做出「是」或「否」的回答。

1. 制定的目標就一定要實現。

2. 成就是我的主要目標。

3. 心中思考的事情往往立即付諸實踐。

4. 對我來說，做一個謙和寬容的勝利者與獲得勝利同樣重要。

5. 不管經歷多少次失敗也毫不動搖。

6. 謙虛常常比吹噓獲得更多的益處。

7. 我的成就是不言自明的。

8. 我實現目標的願望比一般人更強烈。

9. 我認為只要做就必然能成功。

10. 他人的成功不會詆毀我的成功。

11. 我所做的職業本身蘊含著價值，我並不是為了獎賞而工作。

12. 我有自己獨特的其他任何人都不具備的優點。

13. 認準的事情堅決做到底。

14. 對工作的集中力高，永續性長。

15. 即使一閃而過的念頭，也往往會馬上去做。

16. 失敗不能影響我的真正價值。

17. 對自己的評價不受別人的觀點左右。

18. 信賴他人一起合作。

19. 一件一件地實現要做的事情。

20. 為了實現目標往往全力以赴。

21. 相信自己有應付困難的能力。

22. 常常盼望良機來臨。

23. 很少對自己有消極想法。

24. 與專心思考相比，更多的是身體力行。

25. 目標一旦確定，馬上實施。

26. 一直得到許多人的幫助。

27. 盡可能地充分利用自己的才幹與才能。

結果分析

上面的題目，回答「是」計 1 分，「否」計 0 分。然後將各題的得分相加，統計總分。

0 ～ 5 分：說明你實現目標的信念很低。

6 ～ 11 分：說明你實現目標的信念較低。

12 ～ 17 分：說明你實現目標的信念一般。

18 ～ 23 分：說明你實現目標的信念較高。

24 ～ 27 分：說明你實現目標的信念很高。

考入哈佛未必是最好的人生規劃

確定了人生目標的人，比那些徬徨失措的人，起步時便已領先幾十步。有目標的生活，遠比徬徨的生活幸福。沒有人生目標的人，人生本身就是乏味無聊的。

—— 戴爾・卡內基（Dale Carnegie）

「你的夢想是什麼？」當別人問起這個問題的時候，你的腦海中第一時間會出現什麼？是漫無邊際的外太空，還是裝滿各種機器的實驗室？是碧海藍天下的巨型艦艇，還是一座高高聳立的學府 —— 哈佛大學？每個人都有自己的夢想，而且每個人的夢想都是千奇百怪的，如果沒有一個很好的「人生規劃」，恐怕人們很難說得清楚自己的夢想到底是什麼。

「人生規劃」是一個什麼樣的概念？在美國，它是教育的一項基本舉措，孩子們從 6 歲開始就會被有效引導。但對於亞洲大多數中學生和大學生來說，它太過遙遠和陌生。而哈佛 —— 對於全世界的學子來說都是一生憧憬和嚮往的地方！它是美國最早的私立大學之一，總部位於波士頓的劍橋，它的前身哈佛學院始建於 1836 年。每年想要考入哈佛的學生多如牛毛，如果你以後有幸成為哈佛學子，就好比登上了埃及的金字塔尖一樣。到目前為止，哈佛大學已經出過 8 位美國總統、32 名普立茲獎得主和 34 名諾貝爾獎得主。另外，像微軟、Facebook、IBM 等商業奇蹟的締造者，也都出自大名鼎鼎的哈佛大學。怎麼樣？你是不是覺得哈佛大學很厲害呢？於是，很多學生都把「考入哈佛」當成自己的夢想。

不過，絕大多數的學生只顧埋頭拉車，不管方向如何。而人生規劃，恰是讓學生在受教育過程中，逐漸發現特長、興趣，並積極發揮優

勢。如果所有學生都能夠接受這樣的幫助，肯定能明確目標，並樹立自信，懂得為自己讀書。而缺乏這種意識的學生，高中時或許用功，但到了大學，在寬鬆的氛圍中，立即變得疲懶。因為很多同學的潛意識裡，學習是痛苦的，現在大考任務已經結束，不再需要挑燈夜讀了。殊不知，現代社會，知識日新月異，要想持續進步，就必須不斷學習，不僅是學習一門學科，而是博覽群書，各種專業知識都要涉及，才能推陳出新，站在時代的前沿，所以我們的時代迫切需要「樂學型」的人才。而透過人生規劃，選擇自己喜歡的科系和職業，便是有效的手段。

十幾歲的青少年，還沒有形成完整的自我規劃意識，因此很少有人會考慮父母為自己規劃的路是否是正確的，是否是最適合自己的道路。自我規劃意識的建立對我們以後的人生道路有著不可或缺的作用，這就需要我們不斷地從學習中獲得經驗，獲得我們需要的知識和認知能力。

在你規劃人生的時候，永遠要記得，沒有「最好」，只有「最適合」。名校固然值得追求，但並非上不了哈佛，就是失敗。規劃自己的生活，一定要根據自己的實際情況，制定最適合自己的計畫，也只有這樣腳踏實地，才能最終實現自己的計畫。

在 20 歲以前，大部分的人的經歷是相同的，升學讀書→升學讀書……建立自己的基礎，在父母親友、社會價值觀影響及誤打誤撞的情況下完成基本教育。而這時候的你如果能為自己想得多一些，遠一些，也就意味著你已經走在了大家的前面。那麼應當如何制定自己的規劃，我在這裡用成績做表格，給大家提供一個評估的參考思路。

首先，在制定計畫的時候，不要強迫自己做到滿分，要帶著滿分的心態，儘自己最大的努力，每一個計畫貼合實際，有理有據，這樣的規

劃才是可行的，才是最適合自己的。

其次，對於自己的規劃細化。很多同學每個學期都會制定許多計畫，而哈佛大學心理調查顯示，計畫越是細節化，實現得可能性越高，當你為自己的計畫訂下鬧鐘，這些計畫就會在你的潛意識裡形成一種強迫機制，強迫你去按照計畫實行，因此，不要把計畫訂得太過廣泛，比如你的目標是攻讀美國哈佛大學，那麼就應該細化到如何達到這個目標的每一天，而不是一個空空的目標。做一個自己的時間表，讓自己每天按照計畫學習，當然也可以適當調整，不需要過於死板。

最後，規劃的參考要選對。很多同學都經歷過「別人家的孩子」，這種讓很多同學深惡痛絕的讚美，其實也有好的一面，比如你可以參考別人的計畫，結合自己的實際情況修改和調整，這樣可以節省自己的時間，提高學習效率。在參考的時候，切忌照單全收，也不能心存怨念。當別人比你優秀的時候，不要自怨自艾，你需要做的就是不斷努力，學習他，超越他，然後成為一個最優秀的自己。時刻謹記 —— 哈佛不是唯一的成功標準，我有我自己最出彩的人生！

毫無疑問，哈佛大學一直是許多父母心中的名校，也是很多學生為之奮鬥的地方，但是有沒有人思考過，為什麼我們對這所並不大的學校如此神往。其實，我們嚮往的並不是什麼名校光環，而是一種對自我人生的肯定，以及對自我提升的一種特別的憧憬。作為一名國中生，除了享受青春年少之外，也要適當地開始學著規劃自己之後的人生，畢竟人生屬於你自己，而不是你的老師、父母或者任何人。哈佛只是一種精神的象徵，從現在開始，按照哈佛的標準要求自己，讓優秀成為自己的一種最最自然的習慣，最最享受的行為，這就是你能給自己人生最大的「光環」。

哈佛小測試

你對未來有多樂觀？

如果你來到一個度假勝地，在旅館安頓好，走到窗前，你會先看到怎樣的景色呢？

A. 看到旅館的游泳池和人群。

B. 看到海邊和海邊玩耍的人們。

C. 可以看到一座遠方的島。

D. 窗外的花臺，開滿了五顏六色的花。

結果分析

選擇 A：一般來說，旅館的游泳池都在窗戶邊，把距離轉換成時間軸，說明你的內心裡未來是不可控制的，有點小悲觀哦！

選擇 B：你看到旅店以外的風景，說明你對自己的未來還是有那麼一點期許的，需要做的就是稍加努力哦！

選擇 C：看到這麼遠的距離，說明你對未來是超級樂觀的，簡直是個無憂無慮的性格，不過開朗是好事，有時候也會給你帶來好的運氣。

選擇 D：你是一個非常悲觀的人，基本上不會有什麼積極的想法，這樣不行，你需要的是自信和改變。

千萬不要放棄自我鼓勵

　　我們因夢想而偉大，所有的成功者都是大夢想家：在冬夜的火堆旁，在陰天的雨霧中，夢想著未來。有些人讓夢想悄然絕滅，有些人則細心培育、維護，直到它安然度過困境，迎來光明和希望，而光明和希望總是降臨在那些真心相信夢想一定會成真的人身上。

　　—— 湯瑪斯・伍德羅・威爾遜（Thomas Woodrow Wilson）

　　每個人都有屬於自己的夢想，但不是每個人都能夠將夢想實現。如何才能讓夢想成真呢？哈佛大學為我們給出了一個很好的答案：「自我鼓勵。」

　　自我鼓勵對一個人的成功是至關重要的，可以說，人的一切行為都是受鼓勵所產生的。透過不斷地鼓勵，發揮出自己的內在潛能，然後促使自己登上成功的頂峰。

　　我認為，人要是想獲得成功，就必須得先有夢想，並時刻對自己的夢想加以肯定，做正面的自我宣言，不斷地教育自己、塑造自己、鼓勵自己。所以成功永遠屬於那些擁有夢想、並勇於為夢想而奮鬥的人。如果你已經有了屬於自己的夢想，無論如何，這都是一件值得高興的事情。這證明你已經擁有了目標，有了成功的渴望。接下來就要看行動了，不管在什麼情況下，都應該讓腳步跟上你的夢想。

　　我曾經有幸聽過美國奧蘭多朗託斯業務推廣公司的總經理潘・朗託斯（Pam Lontos）的演講，那一次，她對自己的圓夢經歷做了仔細的描繪：

　　曾經的朗託斯非常肥胖，而且每天都鬱鬱寡歡，她每天花了 18 小時來睡覺。終於有一天，她厭倦了這樣的生活，發誓一定要做出改變。

　　於是，她開始每天都聽一些思想積極的錄音帶。有一次，錄音帶中

說，要每天三次肯定自己。朗託斯覺得自己得一天說上 50 次才管用，事實上，她也是這麼做的。

錄音帶中還說：要在心裡時常想到一個固定的成功形象。朗託斯依舊照做了。她將一個形象氣質俱佳的明星照片貼在牆上，然而將頭部換成自己的照片。她不斷在腦海中描繪著自己美好的形象。慢慢地，她發現自己的形象有所改變了。她開始做運動，不僅減掉了 20 公斤的贅肉，而且整個人也變得自信起來。

後來，她出去找工作，成了一名業務員。同樣，她幻想自己是一名頂尖的業務員，不久之後，她確實做到了。她決定轉到廣播電臺去做業務。於是，她又開始了新的幻想：她自己正在某特定的電臺做業務。然而，事實卻是她吃了閉門羹。但是，朗託斯已不願意接受任何「NO」了。於是，她就在電臺經理辦公室的正對面搭棚露宿，直到經理肯見她為止。最終，她終於得到了這份原本不存在的工作。

就這樣，透過不斷的自我鼓勵和辛勤的努力，朗託斯不斷升遷，後來，成了電臺的業務經理。在她的努力下，原本業績平平的廣告，在短短的一段時間內竟整整提升了 7 倍。

兩年後，朗託斯就成了迪士尼旗下夏洛克廣播公司的副總裁。後來，她又創立了自己的公司。

從朗託斯的經歷中，我們看到自我鼓勵的重要性。我一位企業朋友也表示，如果能在心中描繪成功的景象，我們就可以朝著這個目標來實現它。

在現實生活中，我常常發現一般的人總是以自我概念來設定自己的目標。一般來說，自我形象良好的人，所設定的目標也更遠大。反之，那些自我形象差的人，對自己的夢想也抱著膽怯的態度。正因為如此，

我們可以像朗託斯這樣，不斷地在自己的頭腦中描繪、並塑造一個良好的自我形象，然後將自己的命運扭轉。

很多人經常問我，要怎樣對自己鼓勵呢？我透過對一些成功人士經驗的總結，累積出了以下幾種方式：

1. 確立一個既宏偉、又具體的大目標。很多人都發現，他們之所以無法實現夢想，是因為他們的目標太小、太模糊了，讓自己喪失了主動性。

2. 不斷尋求挑戰，這樣，你的體內就會發生奇妙的變化，讓你獲得新的動力與力量。因此，要找出自己情緒的高漲期，來不斷地鼓勵自己。

3. 你所交往的人能夠改變你的生活，所以，要結交那些希望你快樂和成功的人。

4. 精工細筆地創造自我，總之，不管你有多麼小的變化，都是非常重要的。

5. 成功的真諦是：對自己越苛刻，生活對你越寬容；對自己越寬容，生活對你越苛刻。所以，任何時候都不要對自己寬容。

6. 戰勝恐懼，就算你克服的是小小的恐懼，也可以增強你對創造自己生活能力的信心。

美國哈佛大學的威廉・詹姆斯（William James）教授曾經做過一個調查，結果發現沒有受過鼓勵的人，只能夠發揮自己潛能的 20%～ 30%，可是當他們受到鼓勵時，卻能夠發揮自己潛能的 80%～ 90%。也就是說，一個人在受到鼓勵或者自我鼓勵之後，能夠讓自己的潛能充分發揮出來。所以說，成功者之所以能夠獲得成功的根本原因，就是懂得自我鼓

勵，不斷積極進取。自我鼓勵能夠幫助他們從一個勝利走向另一個勝利，從一個輝煌邁向另一個輝煌。如果你懂得自我鼓勵，就算自己的天賦平平，也能夠克服重重困難，大步向夢想邁進；如果你不懂得自我鼓勵，哪怕自己天資聰穎，也無法發揮自己的潛能和優勢，在困難面前止住腳步。

哈佛小測試

你的自我鼓勵能力如何？

假如，你想在某一門功課上獲得優異的成績，可是在期中考試中卻沒有及格，這時候你會怎麼辦呢？

A. 下定決心，以後要努力認真學習。

B. 給自己制定一個詳細的學習計畫，並且按計畫學習。

C. 告訴自己這門功課不重要，還是把精力放在其他功課上。

D. 拜訪任課老師，請他給你高一點的分數。

結果分析

選擇 A：你的自我鼓勵能力一般，將該做的事情放在以後，為何不從現在開始？

選擇 B：自我鼓勵能力較強的表現就是能夠制定一個克服困難和挫折的計畫，只要能夠嚴格執行它，你就能夠獲得成功。

選擇 C：你的自我鼓勵能力較差，因為自我鼓勵不等於自欺欺人。

選擇 D：這是急功近利的做法，和自我鼓勵無關。

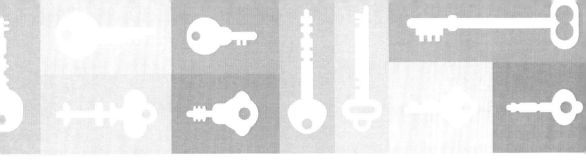

第二章
勤奮才是通向成功的捷徑：
把勤奮培養成習慣

勤奮，會使平凡變得偉大，會使庸人變成豪傑。成功者的人生，無一不是勤奮創造、頑強進取的過程。而機會總青睞那些勤於奮鬥的人！

最優秀的人，往往最努力

最優秀的人就是你自己。

—— 蘇格拉底（Socrates）

哈佛大學裡一直流傳著這樣一種說法：一個人是否能夠獲得成功，完全取決於他的業餘時間是否足夠勤奮！

如果你能夠在每晚抽出 2 小時來閱讀書籍、學習功課、參加一些有意義的討論或者演講，那麼你就會發現自己的人生正在發生本質的改變。如果能將這一習慣堅持數年，成功也就觸手可及了。

這一說法也告訴我們一個真理：只有勤奮學習，才能幫助我們創造奇蹟，並且獲得成功！

偉大的愛因斯坦也曾說過：「人的差異在於業餘時間。」這是一個很簡單的道理，因為每個人每天的工作時間都相差無幾，付出與回報也差不多。

在這樣的情況之下，想要改變自己的人生，就要付出更多的努力才行。當別人利用業餘時間休閒娛樂的時候，你就必須利用這些時間來學習充電，不斷為自己增加籌碼，直到成功的來臨。

至於青少年朋友，現在雖然沒有繁重的工作，可是卻往往忽略了積少成多的道理。有的人總想著一飛沖天，而不知道腳踏實地地努力學習。終於有一天，當身邊的人都有了可觀的收穫，才驀然發現自己的土地裡居然毫無收成。

其實，要說天資，自己並不比別人差，開始得也不比別人晚，可是為什麼到最後自己沒有獲得那樣的成功呢？

也許這時候才醒悟過來：自己也擁有遠大的理想和志向，只不過一心想著等待豐厚的收成，卻沒有花更多的時間去辛勤地耕種罷了。在我身邊就有不少這樣的青少年朋友。

在哈佛校園裡教授說最多的一句話就是：「假如你想在畢業以後，在任何時間、任何地點都如魚得水，並且得到大眾的欣賞，那麼你在哈佛求學期間，就不會擁有閒暇的時間去晒太陽！」

的確，能夠進入哈佛學院深造的人，肯定都擁有過人的天賦，可是哈佛的每一位學子仍然要拚命地學習，因為他們都明白：最優秀的人，往往是最努力的人。

關於這一點，哈佛的教授給學生們講述了這樣一個故事。

1903 年，有一位名叫科爾的學者在紐約的數學學會上風頭占盡，因為他破解了一道世界級的難題。

當人們都對他取得的成績讚許不已的時候，有一個人提高聲調對科爾說：「先生，您是我這輩子見過最有智慧的人！」

面對這樣的誇獎，科爾只是微微一笑，回答說：「我並沒有你想像中的那樣智慧，我只是比一般人更加勤奮努力罷了。」

科爾的回答顯然讓那人感到十分疑惑。科爾反問道：「你知道我破解這道難題，花了多長時間嗎？」

那人回答說：「一個禮拜嗎？」科爾微笑著搖了搖頭。

那人又回答說：「一個月的時間嗎？」科爾依然搖了搖頭。

得到這樣的答覆，那人更吃驚了：「我的上帝啊！你不會花了一年的時間吧？」

科爾很平靜地回答說：「先生，你錯了，不是一年，而是三年內所有的星期天……」

科爾的回答讓在場的所有人都沉默了。

哈佛教授講述的這個故事讓我們明白勤奮努力與堅持學習的重要性。

在哈佛大學裡，一個博士生可能每 3 天就要讀完一本厚厚的書籍，還要寫幾萬字的閱讀報告。

如果你有機會漫步於哈佛的校園中，在凌晨 4 點半的時候就能看到圖書館裡燈光輝煌、座無虛席。

在哈佛的學生餐廳裡，每個人在享受美食的同時，都沒有落下自己的書本，或看書，或做筆記。同樣，在哈佛的醫院裡，候診的學子也沒有一人閒談，而是埋頭看自己的書……

可以說，哈佛校園裡，處處都是移動的圖書館，這樣的學習氛圍，培養了無數的優秀學子也就不足為奇了。

因此，我想告訴青少年朋友們，想要獲得成功，就要付出更多的努力，要相信「一分耕耘，一分收穫」。那些取得卓越成就的人，都與勤奮學習有關。

我還記得一位哈佛教授赴華訪問時曾經說過：「作為青少年朋友，每天在學校裡的學習時間都差不多，如何合理地安排、利用課餘時間來提高自己的學習效率，成為學生之間成績差距的主要因素之一。如果你希望將來考上理想的大學，擁有讓人滿意的職業和生活，那麼釐清這一點就變得十分重要了。」

當然，利用課餘時間來提高學習效率，也不是盲目無知的，而是有

方法可循的。

一般來說，每天早晚人的頭腦比較清醒，記憶力也最好，這時候比較適宜安排記憶性的學習內容，比如背課文、記單字等。

當你的心情愉快、思維活躍的時候，可以安排一些理解類的學習內容，比如數學難題等。

當你注意力比較集中的時候，可以安排一些較為枯燥而又不太喜歡的科目；而注意力相對分散、時間又比較零散的情況下，適宜安排那些簡單輕鬆、自己比較喜歡的科目。

此外還要注意，文理科內容要交替展開，相同或者相似的學科最好不要安排在一起。

哈佛小測試

你是一個努力上進的人嗎？

一個夏天的午後，有一個年輕的學生坐在花園的石凳上，手裡拿著一本語文書在看。這時候，他突然放下了手裡的書本，你認為他為什麼會這樣做呢？

A. 天空快要下雨了，他放下書，打算回家避雨。

B. 他有點睏了，想把書本當成枕頭，在石凳上睡覺。

C. 按照計畫讀完了書，準備再讀其他科目。

結果分析

選擇 A：表示你的自我防衛本能較強，不希望被雨水打溼書本或者自己的頭髮。當你感到自己處於危機之中時，往往會加倍努力，爭取上游。

選擇 B：表示你的心理十分樂觀，當情緒低落的時候，可以透過改變環境或者運動、休閒來改變自己的心情。不過，你的上進心和努力都很一般。

選擇 C：表示你的上進心極強，總是希望透過自己的努力使自己得到提升。當你陷入低潮的時候，可以透過老師與長輩的開導，或者從名人的傳記中找到不斷進步的力量。

沒有了勤奮，天才也將會成為庸才

天才就是無止境刻苦勤奮的能力。

—— 卡萊爾（Thomas Carlyle）

經常會有學生在我面前抱怨：「我沒有什麼天賦，沒有別人聰明，無論再怎樣勤奮努力，最終都無法取得別人那樣的成績，這讓我感到灰心喪氣，好像老天爺不公平一樣！」

面對這樣的學生，我就思考一個問題：到底是老天爺不公平，還是我們不夠勤奮努力呢？

也許只有到了哈佛的校園裡，我們才能找到真正的答案。哈佛學子

用他們的實際行動詮釋了「天才出於勤奮」的道理。他們很清楚地知道，天賦並不能使自己更出色，而勤奮可以讓自己綻放無限的光彩！

正如偉大的藝術家雷諾瓦（Pierre-Auguste Renoir）所說的那樣：「假如你沒有別人聰明，也沒有什麼特殊的能力，那麼勤奮將會彌補你的不足；假如你擁有明確的目標，做事的方法也很恰當，那麼勤奮將助你獲得成功！」

一個天才，如果不勤奮努力地學習，他終將淪為一個庸才，碌碌無為地度過一生；同樣地，一個平凡的人，如果不勤奮努力地學習，那麼他終將一無所獲。

我們知道，哈佛一直被認為是天才的聚集地。可是在哈佛的校園裡，我們看不到投機取巧的人。每一位哈佛學子都很勤奮努力，無論天資聰穎的，還是天分一般的。

作為美國歷史上第一位臺裔內閣成員，哈佛大學的畢業生趙小蘭在回憶自己的求學經歷時，感觸十分深刻。

從學習上來說，趙小蘭算得上一個天才，不過她並沒有因為自己的天分，而停止過勤奮與努力。

趙小蘭剛到美國的時候，連英文單字都不知道是什麼，卻被父母安排插班，成了三年級的一名學生。那時候，她只能把老師教授的內容用筆記本抄下來，晚上再由父親譯成中文，方便她理解與學習。

與此同時，父母還從最簡單的英文字母開始，將每天的娛樂時間用來給她學習英文。

舉世聞名的哈佛商學院有一個十分難唸的課程，那就是研究所的MBA 碩士學位。只有那些名校的優秀畢業生，才有可能進入 MBA 的大

門。而且在進入 MBA 之後，競爭依然很激烈，如果你沒有付出百分之百的努力，很容易就被淘汰出局了。

大學畢業之後，趙小蘭也被芝加哥大學、華頓商學院和史丹佛大學等名校錄取，不過她還是希望能夠進入夢寐以求的哈佛大學，儘管每年哈佛錄取女生的比例僅有 5%。

1977 年 4 月 15 日，趙小蘭成為千萬競爭者中的幸運兒，被哈佛商學院企管碩士班錄取了。

在哈佛讀研究生的兩年裡，趙小蘭深深體會到了教室如戰場的學習氛圍。每天，老師不講課，甚至不會帶上教科書，而是只給學生留下三項課題。

學生每天的功課就是去理解和解決這些課題。在這樣的教學方式之下，假如學生沒有充分的準備，是不敢隨便進入教室的，因為教授隨時可能點你的名，而你必須應答如流。

趙小蘭的記憶十分深刻，在哈佛求學期間，每天早上 8 點開始，一直要上課到下午 2 點半，課後還沒有休息的時間，因為要完成三項課題，就必須去圖書館找資料，每項課題至少要花費 3 小時以上，所以每天都要忙碌到凌晨一兩點才能休息。

雖然在哈佛求學的那幾年很累很累，可卻是趙小蘭受益最多的幾年。由於哈佛的教授們都十分優秀，許多人擁有教授的頭銜，實際上卻是一些大型公司的顧問，無論理論還是實際經驗都很豐富。趙小蘭在他們的薰陶下，透過自身的努力，漸漸成長為一位幹練的女性，也逐漸培養了自己的領導才能。

在哈佛的畢業典禮上，趙小蘭被選為學生代表，帶領著畢業生與哈

佛告別。她也因此成為第一位獲此殊榮的東方女學生。

趙小蘭不是一個天才，但她的勤奮與努力使她成為了一個優秀的人才。也正是因為有了這樣的特質，才使她從一個連字母都不認識的小女孩，到哈佛碩士畢業，並且最終獲得美國歷史上的首位華裔內閣成員和勞工部長的殊榮。

我想，勤奮的道理人人都懂得，可是真正能夠用行動去證明和詮釋的人，卻少之又少。勤奮努力地學習之所以能夠創造出天才，是因為其中包含著堅持與頑強，也包含著勇氣與智慧。如果能夠將這些特質結合起來，並且付諸現實的行動，那麼你的手中已經握著開啟成功之門的金鑰匙了。

「你想比別人更成功嗎？如果想，就勤奮努力地學習吧！」這一則哈佛格言曾經鼓勵趙小蘭努力前行，最終品嘗到了成功的果實。現在，我想將它贈予廣大的青少年朋友，希望它能夠鼓勵你不斷進步，不斷地超越自我。

無論你聰穎與否，只要真正地勤奮努力過，就擁有平等的機會和權利。因為勤奮可以讓你的大腦變得富足，辛勞可以孕育成功與喜悅。至少你應該明白，成功永遠不會敲響懶漢之門！

我身邊的很多家長都有這樣的煩惱：自己的孩子上高中了，一天到晚都抱著書本不放，可是學習成績仍然很一般，真是一個讓人頭疼的難題。

事實上，所謂勤奮努力的學習，並不是「死讀書」，而是在勤奮努力的基礎上，掌握一定的學習方法。我們來看看哈佛教授們給學生的建議：

當你努力學習的時候，不要單純地去抓緊時間，埋頭苦學，而應該

多一些總結，同時注重吸收他人的有效經驗。只有找到最適合自己的學習方法，才能夠讓勤奮努力發揮出最大的功效，否則很難從根本上提高自己的學習效率。

我也很贊同這樣的觀點，因為勤奮不是死搬硬套的學習，而應該靈活變通。

哈佛小測試

這是哈佛大學用來測試學生天賦的一道題：你想要搭電梯，可是到達電梯的時候剛好遲了一步，所以你還得再等候，這時候你通常會有怎樣的行為？

A. 情緒煩躁，不停地按鈕。

B. 在地上跺腳。

C. 抬頭看天花板。

D. 看著地面發呆。

E. 注視樓層指示燈，電梯一到就立刻衝進去。

結果分析

選擇 A：你為人坦誠，人際關係不錯，擁有社會方面的天賦。

選擇 B：你通常很謹慎，不會輕易做冒險的事情，如果將來做領袖，一定能夠得到大家的擁戴，不過有時候過於理性。

選擇 C：你的感情比較敏銳，擁有洞察人心的能力，藝術天賦不錯。

選擇 D：你心地善良，具有數學才能，在理工科方面有天賦。

選擇 E：你很注重選擇，人緣相對不錯，擁有公關方面的天賦。

你要竭盡全力，而不是盡力而為

勤勞一日，可得一夜安眠；勤勞一生，可得幸福長眠。

—— 達文西（Leonardo Da Vinci）

對於青少年來說，勤奮學習是獲取知識的唯一途徑。可是，怎樣才算真正的勤奮，每個人卻有不同的理解。只有「竭盡全力」，讓自己的潛能得到充分的利用，你才能取得更突出的成功！

記得在一次講座上，一位年輕人十分無奈地對我說：「對於學習，我真的已經盡力了，可是不管怎樣勤奮，最後都無法達到預期的效果。」

當時，我並沒有針對這位年輕人所提出的問題展開詳細的分析，而是引用了哈佛校園裡廣為流傳的一則小故事，希望能夠給他啟迪。

那是一則寓言故事，說的是一位獵人帶著他的狗去森林裡打獵。

在日落時分，獵人發現了一隻野兔，並向牠開了一槍。野兔的後腿受傷了，獵人趕緊命令狗去追。然而過了好長時間，狗並沒有完成自己的任務，將野兔追回來。

獵人生氣地問道：「野兔哪裡去了？」

狗趴在地上「嗚嗚」地叫著，獵人明白牠的話，意思是說：「我已經

盡力而為了，可是最終沒有追上野兔。」

那隻野兔死裡逃學生，回到自己的洞穴後，家人急切地問道：「你受了傷，後面的狗又盡心盡力地追趕，你是如何逃脫的呢？」

野兔回答說：「狗的確是盡心盡力了，可是我卻是竭盡全力地逃命！」

這則小故事的寓意很簡單，就是不管我們學什麼、做什麼，只要我們竭盡全力，讓自己的潛能得到開發，那麼就沒有什麼學不會、做不好的。

再看看上面那位年輕人，也許他真的付出過勤奮與努力，可是卻遠遠沒有充分地開發自己的潛能，或者在學習上只是一曝十寒。

要知道，我們的大腦原本就是一座潛能的寶庫。從科學理論上來說，人腦的資訊儲存量高達 5 億本圖書，這個數量遠遠超過哈佛圖書館的藏書量。可是，就目前而言，人類的大腦只開發了 5%。換句話說，任何一個人只要能讓自己的大腦潛能合理地開發，那麼他的能力一定不會遜色於愛因斯坦。

還有人生動形象地做出比喻：「一個人的大腦在正常運轉時所消耗的能量，可以讓一個 40 瓦的燈泡持續散發出耀眼的光芒！」

因此，一個人付出了努力卻未達到預期的效果，要麼是方法不對，要麼是沒有竭盡全力。

2004 年，年輕的卡特從哈佛商學院畢業。沒過多久，幸運的卡特便被一家大公司錄用了。

上班的第一天，老闆讓卡特說幾件自己覺得十分出色的事情。

於是，卡特洋洋得意地說起了自己在哈佛的學習成績：「在全校好幾

百名學生中，我的成績排在第十四位！」

卡特本以為老闆聽了會大大地誇獎他一番，可是老闆卻反問道：「為什麼不是第一名呢？你竭盡全力去學習了嗎？」

這句話讓卡特無言以對，在之後很長的一段時間裡，他一直反思自己，並且將老闆的話牢記於心。

就這樣，卡特不斷地告誡與鼓勵自己，在工作上從來不會自滿，也沒有絲毫的鬆懈，而是竭盡全力去做好每一件事情。

最後正如你想像的那樣，卡特成功了！他用了三年的時間成了公司裡的高層 CEO，並且出版了自己的傳記，鼓勵人們竭盡全力去追求、去學習。

卡特的成功並不是一種偶然，而是懂得釋放自己的潛能，懂得竭盡全力去奮鬥。我想對青少年朋友說的是：你所付出的勤奮與努力，與你所得到的回報將成正比！當你感到學習有一定壓力的時候，也許並沒有竭盡全力。

「盡力而為」與「竭盡全力」是存在差別的，前者發揮了自己的能力，後者卻讓自己的潛能得到了充分的開發。

所以說，不管做什麼事情，盡力而為是遠遠不夠的，這樣只能說明你比一般人付出得更多，卻無法讓自己超越平庸的界限。

只有竭盡全力，讓自己的潛能得到充分的利用，你才能取得更突出的成功！

有一個成語叫「戶樞不蠹」，意思是說，如果我們的門軸不經常轉動，就會被蟲蛀蝕。反過來說，就是經常轉動的東西不容易被腐壞，比如我們的大腦就是如此，勤於動腦，才能更加聰明。

　　我們的大腦其實就是一個潛能的寶庫，每個人的學習潛能都是無限大的。如果我的大腦不經常使用，相應的腦神經分枝就會出現萎縮死亡的狀況。這也就是人們經常愛說的「腦子越用越聰明」。

　　青少年正處於大腦活躍期，如果沒有讓腦細胞活躍起來，就會陷入一種低沉的抑制狀態，時間久了，自然會造成不可逆轉的現象。

　　那麼，青少年朋友應該如何刺激自己的大腦潛能，讓學習達到最佳的效果呢？

　　哈佛學子們的心得體會就是：

1. 不要忽略任何一門理論性知識。
2. 善於思考，盡量用自己所掌握的知識去解釋。
3. 將理論知識與現實生活相結合，並且找出它們的共性。
4. 一邊學習，一邊思考，從現實生活中總結出經驗。
5. 多與同學、老師交流，從他們那裡獲得更多的知識。

哈佛小測試

　　在正常機率下，高速公路上同一輛車每半小時開過的機率是 0.95，那麼在 10 分鐘內看到一輛車開過的機率是多少？

答案

　　$1-(1-x)(1-x)(1-x)=0.95$

勤奮和智慧是雙胞胎，懶惰和愚蠢是親兄弟

智慧並不是隨意就可獲得的，沒有經過勤奮的努力，智慧注定與你無緣。

—— 哈佛勵志箴言

哈佛大學公開課教授麥可・桑德爾（Michael J. Sandel）曾說過一段話：「一塊土地再肥沃，如果不去耕種，也長不出甜美的果實；一個人再聰明，如果不懂得勤奮，也目不識丁。」

我對這段話記憶猶新，因為它很像我們日常生活中的一句俗語 ——勤奮和智慧是雙胞胎，懶惰和愚蠢是親兄弟！

一個人的淵博智慧並不是一時間的熱情，或者透過耍小聰明得到的，而是需要不斷地勤奮學習，一點一滴地累積而來。

我們都渴望擁有過人的智慧，希望自己能夠取得非凡的成就。不過，智慧並不是隨意就可獲得的，沒有經過勤奮的努力，智慧注定與你無緣。同樣地，如果你染上了懶惰的惡習，那麼就將和愚蠢成為親兄弟了。

這時候，我想起一位朋友曾說，有一次作為「旁聽生」，他親身感受到了哈佛教授的智慧。

那是一堂很特別的課程，正在講課的教授卻發現幾個學生不太認真。

於是，聰明的教授將幾個學生叫了起來，問他們將來想要做什麼。

幾個學生都感到十分無措，也不知道說什麼好。於是教授給他們講

了一個哲學家的故事：

有一天，哲學家和自己的學生來到一塊雜草叢生的土地旁邊，問自己的學生：「用什麼方法可以將土地裡的雜草除掉呢？」

學生們紛紛給出了自己的意見，有的說用火來燒，有的說用鐮刀去割，還有的說噴點農藥就解決了……

哲學家並沒有評論學生們的回答，而是將土地分成三塊，讓他們按照自己的方法去做。

那個用火燒的同學，一把火就將土地裡的雜草燒乾淨了，不過才過了幾天時間，雜草又生根發芽，長得繁茂起來。

那個用鐮刀割的同學，花了一週的時間，累得腿腳發軟，可是原本清除乾淨的雜草很快又冒了出來。

那個用農藥噴的同學，只是將雜草裸露在地上的部分除掉了，仍然無法將雜草清除乾淨。

幾個學生只能失望地離開了。

幾個月之後，哲學家再將學生們帶到那塊土地旁邊。學生們都感到十分驚訝，幾個月前還雜草叢生的土地，居然變成了一片綠油油的麥子。

哲學家微笑著對學生們說：「想要徹底地除掉雜草，最好的辦法就是在土地裡種上有用的莊稼。」

哈佛教授的故事講完了，他走到那幾個學生身邊，問道：「你們希望自己的土地裡長出荒蕪的雜草，還是綠油油的麥子呢？」

學生們異口同聲答道：「當然是綠油油的莊稼了。」

「很好，」教授不再那樣嚴肅了，而是滿臉笑容地說道，「那麼你們現在就得努力了！因為懶惰就像土地裡的雜草，而勤奮才是綠油油的麥子。」

哈佛大學裡有一句名言：「當你為自己想要的東西而忙碌的時候，就沒有時間去為不想要的東西而擔憂了。」假如你是一個懶惰的人，那麼上面的故事一定可以給你啟迪，讓你明白：唯有勤奮才能戰勝懶惰。

那麼，什麼才是勤奮呢？所謂勤奮，就是要不斷地努力，不斷地學習。當你真正擁有了勤奮的特質，也就擁有了開啟智慧之門的鑰匙。

我也時常聽到這樣一句話：「智慧來自勤奮！」這值得每一位青少年朋友牢記於心。

偉大的文學家魯迅先生曾經被認為是難得的天才，可是他自己卻不那樣認為。

在他看來，世界上根本就不存在天才，而他之所以可以取得那樣的成就，只是因為他將別人喝咖啡的時間用在了工作上。

在一篇文章中，他這樣寫道：「其實即使天才，在生下來的時候第一聲啼哭，也和平常的兒童一樣，絕不會就是一首好詩。」

我很贊同這樣的觀點，因為上天是公平的，每個人出生的時候都一樣，別人能夠獲得成功，是因為別人付出了更多的努力。

關於這一點，哈佛教授說得更加生動：「一個人想要獲得成功，可不像老鷹抓小雞那樣容易，而是經過勤奮的學習與努力的奮鬥得來的。」

天道酬勤，任何一個人的智慧都不是天生的，而是透過勤奮學習而來的。因為在通往成功的道路上，除了勤奮，便沒有其他的捷徑了。

哈佛小測試

有這樣一個房間，外面的三個開關分別對應室內的三盞燈，線路是好的，只不過在室外控制開關的時候，不能觀察到室內燈的情況，現在你只能進門一次，如何來確定開關與電燈間的對應關係呢？

答案

你可以先開一個，開很長時間。然後關掉，再開另一個。進去看，亮著的那個不用說。剩下的兩個不亮的，按照燈泡的溫度來判斷。

把熱忱變成習慣，讓恐懼和憂慮無處容身

如果我們每天都抱著熱忱生活，那麼生活也將以熱忱對待我們。

—— 哈佛勵志箴言

縱觀學習與工作中的強者，他們通常都對自己所做的事情滿懷著熱忱，並且善於思考、積極樂觀。他們擁有這樣的生活態度，自然能夠取得不凡的成就，因為在他們的世界裡，熱忱已經變成了一種習慣。

再看看那些失敗者吧！無論學習，還是工作，他們都缺乏熱忱的態度，每天都生活在失敗、恐懼和憂慮的籠罩下，惶惶不可終日。

在哈佛，每位學子都保持著熱情洋溢的精神狀態，他們知道：自己如何對待別人，別人也將以同樣的方式對待自己；自己怎樣對待生活，

生活就會怎樣對待自己；如果我們每天都抱著熱忱生活，那麼生活也將以熱忱對待我們。

熱忱不僅是一種樂觀積極的生活態度，也是一種可以改寫我們命運的非凡的特質。正如偉大的心靈導師拿破崙・希爾（Oliver Napoleon Hill）所說的那樣：「如果你要得到命運的獎賞，那麼就必須像所有偉大的開拓者那樣，將心中的理想轉化成一種熱忱，並且隨時準備著為它獻身，也只有這樣才能讓自己的才能得到充分的發展。」

這是一位哈佛學子的親身經歷：

兩年前，艾瑞克畢業於哈佛大學的金融管理科系，之後他進入了一家大型銀行做理財顧問。

對於自己所從事的職業，艾瑞克充滿了熱忱的態度，儘管他的年薪比不上其他同學，可是每天都做著自己喜歡的工作，簡直就是人生中最美好的事情了。

熱忱的態度讓艾瑞克在工作中表現尤為突出，在他的管理下，銀行的營業額成倍地成長。

然而，2008 年全球金融危機爆發，艾瑞克不得不重新考慮自己的出路。

由於頭頂著哈佛畢業生的光環，艾瑞克很快又重新找到了一份工作。

這一次他在一家上市公司當管理顧問，年薪比之前高了近一倍。

可是，艾瑞克並不喜歡這份工作，每天面對各種會議、各種交流，他的腦子都快炸了。比起之前的工作，艾瑞克所付出的精神更多，可是在新的工作職位上，他一直碌碌無為，沒有見到一點工作成效。對此，公司總裁也對他有意見了。

艾瑞克的遭遇讓我們明白，在學習與工作中保持熱忱的態度有多麼重要，這也是我們獲取成功的重要途徑。同時，它也是我們失敗時再度崛起的力量支撐！

可是在現實生活中，我所看到的對於學習和生活充滿熱忱的青少年，卻少得可憐。看看他們是如何面對生活與學習的吧：

每天早上起床，一想到要去學校裡報到，心裡就滿是不快；磨磨蹭蹭地好不容易到學校了，還是一副無精打采的樣子；在課堂上昏昏欲睡，只是在老師的灌輸下吸收少量的知識；好不容易熬到放學了，精神狀態一下子就變得興奮起來……抱著如此的態度去學習，自然很難學好了。

試想一下：如果沒有將熱忱變成一種習慣，那麼你將拿什麼去獲得成功呢？

哈佛小測試

焦慮，是人類眾多情緒中的一種。焦慮最主要是因為預感到不利情景的出現而產生的一種擔憂、緊張、不安、恐懼、不愉快等的綜合情緒表現。你是一個容易感到焦慮的人嗎？請回答以下題目，以「是」或「否」作答。

1. 如果你獨自在黑暗中是否感到害怕？

2. 你是否經常覺得責任太重，而想減輕一點？

3. 你是否在意別人如何對待你？

4. 你是否常被突然的電話鈴聲嚇一跳？

5. 你操心生活中的瑣事嗎？

6. 你會擔心自己的健康狀況嗎？

7. 你關心錢的問題嗎？

8. 旅行時，如果你與其他人走散了，你會害怕嗎？

9. 你是否常需要服用安眠藥方可入眠？

10. 到了該入睡的時間，你是否仍然會躺在床上反覆考慮一些事情？

結果分析

「是」計 1 分，「否」計 0 分。

3 分以下：你的心態平和。在面對諸多問題時，你陣腳不亂，應付自如，帶著微笑和必勝的信念面對生活。

4 ～ 9 分：一般你能好好地控制自己的情緒，但依然有少許焦慮。

10 分：你為生活操心。分數越高，你越容易焦慮。你常為一些不值得擔心的事而放心不下，甚至被激怒、無故發脾氣、煩躁不安。

盲目熱忱，必有損無益

盲目的熱忱不但不能幫助我們獲取成功，還會阻礙我們走向成功的步伐。

—— 哈佛勵志箴言

前面我們一直在講熱忱，無論學習與生活都要充滿熱忱才行。同時，還要將熱忱集中在同一個點上。那麼是不是熱忱越多越好呢？當然不是了。

盲目的熱忱不但不能幫助我們獲取成功，還會阻礙我們走向成功的步伐。

因為盲目的熱忱通常是缺少準備的，這樣的熱忱只會讓人沉浸在自己的想像之中，對於現實並沒有太大的幫助。如果想讓自己的熱忱轉化為成功的動力，我們就要有明確的目標，知道自己此刻學習是為什麼。

哈佛大學一共培養出了8位美國總統、40位諾貝爾獎得主和30位普立茲獎得主。能夠進入哈佛深造的學子，自然都擁有百分百的熱忱，不過他們的熱忱並不是盲目的。

劉明珠是哈佛大學的博士後，這位高學歷的女強人就職於著名的霍華德‧休斯（Howard Robard Hughes）醫學研究室。

見過劉明珠的人都知道，雖然她頭頂哈佛的光環，可是卻沒有想像中的「哈佛」派頭。相反，她總是以微笑待人，無論何時何地都是一副平易近人的樣子。

劉明珠是如何一步步走入世界一流學府的頂級殿堂的呢？就是憑藉著一股並不盲目的熱忱。

在上小學四年級的時候，劉明珠轉學到新的學校，那時候班上的同學們的英語已經學到了第三冊，可是劉明珠卻連最基本的英文字母都不認識。

劉明珠對學習充滿了熱忱，並且一直有著「考大學」的目標。不甘落後的她透過刻苦的自學，很快就趕上了班裡的其他同學，期末考試的時

候英語成績還排到了全班第一，讓所有的老師和同學都刮目相看。

在同學眼中，劉明珠是一個「書呆子」，她對於學習的熱忱態度已經到了一個痴迷的地步。不過，如此愛好學習的她並不是盲目的，她知道自己追求的是什麼。

經過幾十年的不斷學習，劉明珠一路從中學、醫大、碩士，再到美國威斯康辛大學攻讀博士，最後她終於步入了理想中的殿堂 —— 哈佛大學醫學院的博士後。

很多人都只看到劉明珠身上的光環，卻不知道她的成功來源於對學習的熱忱，以及並不是盲目的追求。

在學習的過程中，青少年朋友或缺少熱忱，或盲目熱忱，這些都是不利於成功又普遍存在的問題。

我的身邊就有許多青少年朋友，在學習中表現得極為熱忱，可是卻將考試當成學習的目的，或者將學習當成一種獲取知識的手段，帶有很重的功利色彩。

擁有這樣的心態去學習，當然是不正確的。作為青少年，學習需要熱忱，但是不要盲目，否則有損無益。

哈佛小測試

熱忱是一件好事，但是過分的熱忱有時候卻變成了固執。你是一個固執的人嗎？下面的問題請根據自己的真實情況回答：

1. 你總是對別人求全責備？

2. 你覺得大多數人都不可信？

3. 你無法控制自己不發脾氣？

4. 你總是責怪別人製造麻煩？

5. 你總是覺得別人想占你的便宜？

6. 你總是感到別人不理解你，不同情你？

7. 你總是認為別人對你的成績沒有做出恰當的評價？

8. 你總是會有一些別人沒有的想法和念頭？

結果分析

　　沒有得 1 分，很輕得 2 分，中等得 3 分，稍重得 4 分，嚴重得 5 分。其中，得分 10 分以下的人不存在固執的情況，是個心平氣和的人；得分 15 分至 24 分，可能存在一定程度的固執；得分 25 分以上，說明你的熱忱已經過度了，要學會控制自己的情緒。

覺得為時已晚的時候，恰恰是最早的時候

　　當你真心想做某件事情的時候，千萬不要覺得為時已晚！

— 哈佛勵志箴言

有一位哲人問他的學生：「你知道世界上最長的東西是什麼嗎？」

學生茫然地搖了搖頭。

「那世界上最短的東西呢？」

學生仍然答不上來。

哲人微笑著告訴學生：「世界上最長的東西是時間，最短的也是時間！因為它長的時候，可以無始無終；而它短的時候，一眨眼工夫就沒了。」

的確，時間是最難把握的東西，人們常常因為它的悄然流逝而惶恐不安。在很多人看來，時間總是匆匆而過，可是自己擁有的卻只是短暫的一剎那。

在生活中，也有很多朋友向我訴說，他們常常覺得時間過得太快了，而自己早已經錯過了人生的最佳時機，有很多事情還沒有去完成。因此，他們越來越頹喪，好像無論做什麼事情，都已經來不及了。

對於這樣的朋友，我總是盡力去勸解，其實我很想對他們說：「不要再抱怨自己沒有時間，或者為時已晚，你抱怨的時候，時間就已經從你的身邊溜走！」

很多時候，事情的本質和我們想像中的大相逕庭，所以不要讓時間成為一種障礙，當你真心想做某件事情的時候，千萬不要覺得為時已晚！

在哈佛大學的建築研究院裡，教授正在給學生們講建築師安曼（Othmar Ammann）的故事。不過這一次並不是探究安曼的建築藝術風格及類型，而是講他沒有因為年老而放棄自己熱愛的事業。

安曼在紐約港務局工作了大半輩子，作為一名頂尖的工程師，一直到規定的退休年齡，才從工作職位上退下來。可是退休後的安曼並沒有放棄自己的追求。他很快有了自己的想法，那就是創辦一家屬於自己的工程公司，要將自己的辦公大樓修到世界各地去！

這真是一個偉大的計畫，像所有朝氣蓬勃的年輕人一樣，安曼並沒

有因為自己的年齡而覺得為時已晚。

　　有了自己的計畫，安曼就立刻開始著手，讓自己設計的建築在世界各地崛起。在退休後的 30 多年裡，安曼將之前工作中無法實施的大膽創意，不斷融入自己的建築之中，創造了一個又一個建築史上的奇蹟，像華盛頓的杜勒斯機場、阿迪斯阿貝巴機場、匹茲堡市中心建築群和伊朗高速公路系統，這些經典建築一直被當成大學工程建築學的教案使用，也是安曼實現自己夢想的見證。

　　在安曼 86 歲時，紐約韋拉扎諾海峽橋圓滿竣工了，這是安曼生前的最後一個作品，也是世界上第一長的懸體公路橋。

　　我想，對於偉大的建築師安曼來說，退休並不意味著事業的結束，而是一個嶄新的開始。這也是青少年朋友需要學習的地方。只要你勤奮努力，有自信和熱忱，那麼任何時候都不會為時已晚！

哈佛小測試

　　當你抬頭看牆上的鐘錶時，時間正好是 3：15，這時候時針與分針的夾角是多少度呢？

答案

　　7.5 度。

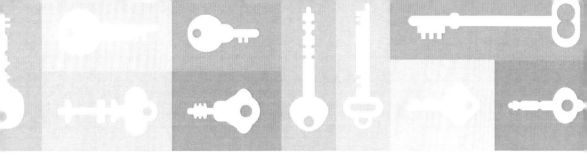

第三章
疏而不堵的情緒管理：
讓發自內心的笑容一直掛在臉上

一個人如果能夠在心情不好時，控制住自己的怒火；能夠在情緒低落時，給自己加油打氣；能夠在任何壞情緒來臨時，學會駕馭它們，而不是被它們所操控，那麼也就擁有了贏得成功的力量。無論你的情緒有多麼糟糕，都要學著去掌控，而不是放任自流。

你是一切問題的根源

能控制好自己情緒的人，比能拿下一座城池的將軍更偉大。

—— 拿破崙（Napoleon Bonaparte）

　　哈佛大學是一所管理嚴格的學府，同時哈佛大學也鼓勵學生自我管理。所謂自我管理，當然不只是管理好自己的生活和學習，還有自己的情緒狀態 —— 如果整天都情緒不好，比如消沉、憂鬱、憤怒等，又如何能夠打理好自己的學習呢？

　　管理好自己的情緒，首先要知道情緒是什麼，要知道它從哪裡來，要到哪裡去。情緒就是一個人對於客觀事物的體驗，是主觀上的一種感受，比如我們常說的喜怒哀樂等。這些情緒就像身體對你說的「話」，讓你知道自己正處於怎樣的境地，也提醒你應該用怎樣的方式去處理眼前的事情。

　　在哈佛大學，有這樣一首小詩廣為流傳：如果你的身體告訴你，它是快樂的，那麼你的健康就會常在；如果你的身體告訴你，它是愉悅的，那麼你的眼前就是一片光明；如果你的身體告訴你，它善於感知生活中的美好，那麼你也會得到幸福……身體上的這些「話」，就是你的情緒。如何去聽懂這些「話」，就是你的情緒管理能力。

　　約翰・亨特（John Hunter）是美國著名的生理學家，他對於人體構造及各器官的功能都很有研究，可是對於人的情緒卻「一無所知」，因為他自己的脾氣非常暴躁，總是怒不可遏！

　　從生理上來說，約翰・亨特可以很好地調養自己，可是由於受到壞情緒的影響，他的身體狀態卻越來越差了。如果你了解約翰・亨特的特

點,就知道想要殺死他簡直太容易了,只需要將他激怒就行了。

有一次,約翰‧亨特和妻子商量晚餐的問題。由於妻子想吃牛排,而約翰‧亨特想吃中餐,兩人商量著就吵起來了。在爭吵的過程中,約翰‧亨特的情緒越來越激動,最後還觸發了心臟病。從那以後,妻子再也沒有和他爭吵過,並且在相處中盡量不去違背他的意願,總擔心自己的一句話、一個表演、一個動作就將約翰‧亨特「氣」死了。

不過,在幾週後的學術交流會上,約翰‧亨特又和一位教授的觀點不合了。這讓約翰‧亨特感到十分惱火。隨著爭論的不斷更新,兩人的火藥味也越來越濃,最後約翰‧亨特被「氣」暈在講臺上,並且因為心臟病搶救無效而失去了自己寶貴的生命。

約翰‧亨特的離世讓朋友們感到十分惋惜,他們在講述約翰‧亨特的故事時總會說:「哦,我有一個很有成就的朋友,他是一位生理學專家,可是他卻被憤怒奪去了寶貴的生命!」

哈佛教授伊萊恩‧凱瑪克曾指出:「比暴君的奴僕更不幸的事情,就是成為情緒的奴僕。」也許你還不知道吧?在所有的情緒問題中,影響人們最多的是憤怒的情緒。經常產生憤怒情緒的人,對於自己的身心健康十分不利,同時還會影響自己與他人之間的和睦友好關係。更可怕的是憤怒還有可能導致間接的死亡,在所有車禍事故中,至少有一半以上是由於駕駛者的憤怒情緒引起的。如果不懂得控制憤怒,那麼生活中將處處都是火藥味!

想要「管」好自己的情緒,也不是一件難事,很多方法都可以幫助你解決問題。不過,我還是要告訴你:「自己才是一切問題的根源,很多不好的情緒都是由於不能自控造成的。」

為了能夠更加快樂幸福地生活，也為了「管」好自己的情緒，減少與父母、老師、同學之間的矛盾，我希望你能夠在發怒前問自己幾個問題：

1. 你認為這樣，別人會怎樣看待你，會怎樣對待你？

2. 如果你是別人，你會對自己的做法產生什麼樣的感想？你會生自己的氣嗎？

3. 你可能做錯的地方有哪些？

4. 你打算對別人採取怎樣的行動？這些行動會導致什麼後果？

5. 你們之間可能出現什麼誤會？

6. 你最終如何看待這件事？如何對待別人？

在你情緒不穩定的時候，要學會控制與冷靜，要嘗試著從不同的角度去看待問題，要學會先理解別人。當你學會為別人著想時，你的情緒也不再容易爆發了。

生活中有很多的不如意，要想生活得好、生活得快樂，想讓自己輕鬆一點，那就需要自我調節，學會管理好自己的情緒。只有這樣才不會被快節奏的生活和沉重的工作壓垮、打倒，快樂地過好每一天，才會享受屬於自己的幸福生活。懂得管理情緒的人不一定成功，但是不會管理情緒的人一定不會成功。人生最大的快樂，就在於有目的、有朝氣地工作。一個人必須擁有健康的身體和無限的精力，才能一步步走向成功。人生成功的根本保證，就是要保持良好的心態和情緒。就像攀爬高山，在職場打拚中，體力不濟的人只能在半路停下，永遠都到不了山頂。

哈佛小測試

你是否具有良好的心理適應能力？

「積極心理學」成為哈佛最熱門的課程，多數哈佛學生認為該學科能增強心理適應能力，改善生活品質。面對複雜多變、競爭激烈的社會環境，想獲得更充分的生存與發展，就要具備較強的適應能力。透過下面的測試，你便可以了解自己的適應能力，根據需要實行相應的補救措施。

01. 一件重要的東西不見了，你：

A. 把可能的地方找一遍。

B. 瘋狂掀起地毯搜尋。

C. 鎮靜回想可能放在哪裡。

02. 急著上課，半路遇到塞車，你：

A. 急躁不堪，想像老師惱火的樣子。

B. 設想老師能體諒你不得已而遲到。

C. 急也無益，乾脆不想了。

03. 收到學校教務處的信，你：

A. 試著自己弄清緣由。

B. 裝作沒看到，誰做錯事了誰處理。

C. 找個理由推給其他同學去處理。

04. 你向來用原子筆寫字，現在要你換鋼筆書寫，你會：

A. 感到彆扭。

B. 有點不順手。

C. 感覺沒什麼差別。

05. 你在大會上演說與教室裡講話相比：

　　A. 沒什麼差別。

　　B. 很難說。

　　C. 視具體情況而定。

　　D. 遜色多了。

06. 聚會時發現全是陌生面孔，你：

　　A. 喝點兒飲料放鬆一下。

　　B. 感到不自在，又能相敘甚歡。

　　C. 積極加入，不感到一絲陌生。

07. 到了交作業的最後期限，你：

　　A. 更有效率。

　　B. 錯誤百出。

　　C. 著急中維持正常狀況。

08. 剛與人唇槍舌劍，你：

　　A. 轉回學習上，難免出神。

　　B. 嘮叨不停，工作效率大減。

　　C. 不受影響，專心工作。

09. 去外地實習，你：

　　A. 失眠換姿勢，換枕頭。

　　B. 有時會失眠。

　　C. 和在家沒差別。

10. 分班之後，儘管學習很努力，卻沒有以前的效率高：

    A. 是。

    B. 說不上。

    C. 不是。

11. 學校上課的時間做了調整，你：

    A. 長時間紊亂。

    B. 起初兩三天不習慣。

    C. 很快習慣了。

12. 有人莫名其妙把你罵一頓，你會：

    A. 頭腦清醒，適度回擊。

    B. 傻住了，過後才想如何反擊。

    C. 還了幾句，未中要害。

13. 和朋友約好喝咖啡，他卻說不能來了。你：

    A. 既來之則安之，自己喝。

    B. 總在想這件事。

    C. 打電話給其他朋友。

14. 小李脾氣古怪，你：

    A. 覺得小李滿好接近。

    B. 說不上什麼感覺。

    C. 也有同感。

15. 你正在看書，外面突然很嘈雜，你會分心嗎？

A. 是的。

B. 看吵鬧的程度。

C. 只要不是跟我吵，照讀不誤。

結果分析

1. A.3；B.5；C.1

2. A.5；B.1；C.3

3. A.1；B.3；C.5

4. A.5；B.3；C.1

5. A.1；B.3；C.5

6. A.5；B.3；C.1

7. A.1；B.5；C.3

8. A.3；B.5；C.1

9. A.5；B.3；C.1

10. A.5；B.3；C.1

11. A.5；B.3；C.1

12. A.1；B.5；C.3

13. A.3；B.5；C.1

14. A.1；B.3；C.5

15. A.5；B.3；C.1

15 ～ 29 分：適應性強，遊刃有餘。

30 ～ 57 分：適應性中等。事物的變化不會使你失魂落魄。

58 ～ 75 分：適應能力差。對世界的變化、生活的摩擦不習慣。

如何度過憤怒期

　　成功的祕訣就在於懂得怎樣控制痛苦與快樂這股力量，而不為這股力量所反制。如果你能做到這點，就能掌握住自己的人生，反之，你的人生就無法掌握。

── 安東尼・羅賓斯（Anthony Robbins）

　　哈佛大學和美國許多名校都有一個規定：在期末考試之前，還有一次退選的機會，也就是說你可以把你沒有把握的課程退掉不修，這種方法是這些名校幫助學生紓解壓力和負面情緒的一種途徑。這也說明，如果學生缺乏情緒自控，那麼就會影響到考試成績，甚至是更多的人生大事。

　　心理學家瓦爾特・米歇爾（Walter Michael）做過一個實驗，用來檢測孩子們的情緒自制能力。他對一所幼兒園的孩子們說：有位大哥哥要到外面去辦事，如果你們能耐心等著他回來，那麼，你就能夠得到兩塊糖果；反之，如果不願意等，就只能拿到一塊，而且還可以馬上就拿到。

　　這些孩子中，有一部分一直耐心等著大哥哥回來，有一部分則比較衝動，大哥哥一走開，馬上就拿走了糖果。十幾年之後，這些孩子都成

長為了青少年，那些在幼兒園就能抵抗誘惑的孩子，長大後明顯比較適應社會，而且自信心強，人際關係也好，能很好地面對挫折；反之，那些沉不住氣的孩子則大部分不能很好地適應社會，常常衝動易怒，跟他人也處理不好關係。

瓦爾特・米歇爾的這項實驗告訴我們：自我控制能力對人生是非常重要的。

一個人，如果不能有效地控制住自己的情緒，那麼，他是很難獲得成功的。哈佛教授都不允許學生對自己過於寬容。在我身邊，凡是那些能夠取得出眾成就的人，就越能對自己狠下心來，逼迫自己去做那些難以做到的事。

我記得，當初在學校的時候，我的老師也常常跟我說：「凡是做大事的人，都特別能忍耐，能分清大事小事，始終保持著冷靜，絕對不會因為情緒而衝動，甚至做出瘋狂的事情。」

擁有很多不良情緒的人，長期處於緊張、壓抑中，會產生精神消沉和疲勞，同時也會降低身體抵抗疾病的能力。各種憂慮和煩心，失去控制的感情和脾氣，現代生活的高壓力和快節奏，憤恨、苦悶、恐懼等負面情緒，就像有毒物質，毒害著我們的身心。因此要定期清洗自己的心智，拋棄煩惱和怨恨，才能保持心理健康。

哈佛小測試

你的自我控制力強嗎？

現在你的面前擺放著各種零食，你覺得自己最先選擇什麼？

A. 雪糕。

B. 蘋果、橘子等天然水果。

C. 烤餡餅。

D. 捲心餅。

E. 餅乾或蛋糕。

F. 巧克力。

結果分析

選擇 A：大多喜歡生活中有刺激性的事物，但當計畫受挫時，情緒就有大波動。

選擇 B：能自我控制，了解生活中需要什麼，具有創造性，有大發明家的潛質。

選擇 C：喜歡耗體力的活動，特別是以球隊形式比賽的活動，喜歡周圍有人旁觀，常是社交生活的佼佼者。

選擇 D：是能幹又有上進心的人，能把事情迅速做完，追求目標時能克服任何障礙。

選擇 E：具有社交能力，給人東西超過接受別人的東西。他們愛聽別人講話，也善於與他人溝通。

選擇 F：處理問題時富有邏輯性、組織性和系統性，對新事物或新思想的出現常持謹慎的態度。

籬笆上永遠都拔不掉的鐵釘

社會猶如一條船，每個人都要有掌舵的準備。

—— 易卜生（Henrik Johan Ibsen）

哈佛經濟學教授詹納斯・科爾耐（János Kornai）說：「我把人在控制情感上的軟弱無力稱為奴役。因為一個人為情感所支配，行為便沒有自主之權，從而受到命運的宰割。」一個渴望傑出的青少年，不應該讓壞情緒控制自己，而是應該自己去控制壞情緒，成為情緒的主宰者。有些人常為一點小事而惱羞成怒，也有些人經常滿臉愁容、精神不振，這些壞情緒直接影響人的生活和工作。

傑西是一個脾氣很壞的孩子。他常跟別人打架，同學們都不願意跟他交朋友，老師們也都不喜歡他，就連親戚鄰居都把他視作「眼中釘」。一天，他的父親給了他一包釘子，要求他每發一次脾氣都必須用鐵錘在他家後院的柵欄上釘一顆釘子。

第一天，傑西一共在柵欄上釘了 37 顆釘子，過了幾個星期，由於傑西學會了控制自己的憤怒，他每天在柵欄上釘釘子的數目逐漸減少了。

傑西發現控制自己的脾氣比往柵欄上釘釘子更容易一些，慢慢地，傑西變得不愛發脾氣了。他把自己的轉變告訴了父親，父親建議說：「如果你能堅持一整天不發脾氣，就從柵欄上拔下一顆釘子。」經過一段時間，傑西終於把柵欄上的所有釘子都拔掉了。

父親拉著傑西的手來到柵欄邊，對傑西說：「兒子，你做得很好。可是，現在你看一看，那些釘子在柵欄上留下的小孔，它們再也不會消失了，柵欄也永遠不會是原來的樣子了。當你向別人發過脾氣之後，你的

言語就像這些釘子一樣，會在人們的心中留下疤痕。你這樣做就好比用刀子刺向別人的身體，然後再拔出來。無論你說多少次對不起，那傷口永遠都會存在。其實，口頭對人造成的傷害與傷害人們的肉體沒有什麼兩樣。而你，卻沒有重新選擇的機會。」

青少年朋友正處於一個特殊的年齡階段，在成長和發展的過程當中，他們正在或者即將面對成長中的許多問題；雖然他們在生理上趨於成熟，但心理發展比較緩慢，還比較幼稚，容易產生諸多不良的情緒。

在現實生活中，青少年常會遇到不稱心的事，如學習時受到外界某種刺激的干擾，心愛之物被人損壞，騎腳踏車時被人撞傷或自尊心受損等，往往容易發火。有的青少年與人相處往往因一言不合就大動肝火或者一事相爭就火冒三丈。殊不知，經常發火，對自己、對他人、對學習和工作都是不利的。

莉茲是一個脾氣暴躁的女孩，特別容易出現情緒波動，經常因為小事和別人吵架，她的人際關係因此愈來愈緊張，結果男友也難以忍受她的壞脾氣，和她分手了。

莉茲彷彿走到了崩潰的邊緣，她打電話向她的朋友露茜求救。露茜向她保證：「莉茲，我知道現在對你來說是有點糟糕，可是好好調整一下，一切都會好轉。你現在的第一件事是讓自己安靜下來，好好地享受一下寧靜的生活。」

聽了露茜的話，莉茲決定改變自己，重新開始一種生活。於是，她給自己放了一個長假。當她已經穩定了一段時間之後，露茜又建議道：「在你發脾氣之前，不妨想想，究竟是哪一點觸動了你？」

「你可以擁有兩種思考方式，一種是讓每件事情都在腦海裡劇烈地翻

攬，另一種則是順其自然，讓思想自己去決定。」說完，露茜拿出了兩個透明的刻度瓶，然後分別裝了一半刻度的清水，隨後又拿出了兩個塑膠袋。莉茲開啟來，發現裡面分別是白色和藍色的玻璃球。露茜說：「當你生氣的時候，就把一顆藍色的玻璃球放到左邊的刻度瓶裡；當你克制住自己的時候，就把一顆白色的玻璃球放到右邊的刻度瓶裡。最關鍵的是，現在，你該學會控制自己的情緒，如果你不試著控制自己的情緒，你會繼續把你的生活搞得一團糟。」

此後的一段時間內，莉茲一直按照露茜的建議去做。後來，在露茜的一次造訪中，兩個人把兩個瓶中的玻璃球都撈了出來。她們同時發現，那個放藍色玻璃球的水變成了藍色。原來，這些藍色玻璃球是露茜用水性藍色塗料染到白色玻璃球上做成的，這些玻璃球放到水中後，藍色染料溶解到水中，水就呈現了藍色。露茜藉機對莉茲說：「你看，原來的清水投入『壞脾氣』後，也被汙染了。你的言行舉止，是會感染別人的，就像玻璃球一樣。當心情不好的時候，要控制自己。否則，壞脾氣一旦投射到別人身上的時候，就會對別人造成傷害，再也不能回覆到以前的狀態。所以一定要控制好自己的言行。」

莉茲後來發現，當按照露茜的建議去做時，人真的不會那麼混沌了，事情也容易理出頭緒。在此之前，她的心裡早已容不下任何新的想法和三思而後行的念頭，已經形成了一種憂慮的習性，這些讓她感到恐懼、慌亂而情緒化。

當露茜再次造訪的時候，兩個人又驚喜地發現，那個放白色玻璃球的刻度瓶竟然溢出水來——看來莉茲對自己的克制成效不小。慢慢地，莉茲已學會把自己當成一個思想的旁觀者，來看清自己的意念。一旦有了不好的想法就及時扼殺掉，想法失控的時候就及時制止。這樣持續了

一年，她逐漸能夠信任自己並且靜觀其變，生活也步入常軌，並重新得到了一位優秀男士的青睞，她的生活也漸漸走向幸福與美好。

莉茲的故事讓我們明白，自身情緒控制尤其重要。控制情緒，並不是簡單的抑制，而是重在自我教育、自我紓解、自我評價和自我調節。作為青少年，只有控制好自己的情緒，不做情緒的奴役，才能在未來取得更大的成功。

哈佛小測試

假設在桌上有三個密封的盒子，一個盒中有 2 枚銀幣（1 銀幣＝ 10 便士），一個盒中有 2 枚鎳幣（1 鎳幣＝ 5 便士），還有一個盒中有 1 枚銀幣和 1 枚鎳幣。這些盒子被標上 10 便士、15 便士和 20 便士，但每個標籤都是錯誤的。允許你從一個盒中拿出 1 枚硬幣放在盒前，看到這枚硬幣，你能否說出每個盒內裝的東西呢？

答案

取出標著 15 便士的盒中的一枚硬幣，如果是銀的說明這個盒是 20 便士的，如果是鎳的說明這個盒是 10 便士的，再由每個盒的標籤都是錯誤的可以推出其他兩個盒裡的東西。

學會控制自己的負面情緒

門爭是掌握本領的學校，挫折是通向真理的橋梁。

—— 歌德（Johann　Wolfgang　von　Goethe）

青少年的成長過程總會經歷風風雨雨，所以要自始至終保持一顆平常心，隨時準備接受成敗、苦樂與榮辱的洗禮。如果沒有一顆平常心去對待生活中的人或事，你只會失去平穩的步伐，讓自己不斷跌倒、不斷失敗。

要磨練自己的平常心，首先要學會如何控制自己的負面情緒。情緒往往只從維護情感主體的自尊和利益出發，不對事物做複雜、深遠和智謀的考慮，這樣的結果是，常使自己處在很不利的位置上或為他人所利用。本來，情感離智謀就已經很遠了，情緒更是情感的最表面部分、最浮躁部分，以情緒做事，焉有理智？不理智，能有勝算嗎？控制好自己的情緒，時刻讓自己冷靜，凡事多想想，我們一定能做自己的主人。

隨著時間的推移，青少年朋友會經歷越來越多的事情，有許多事會讓你感到興奮、喜悅，也有許多事會令你感到沮喪，甚至憤怒。這時你需要表達自己的情緒，但是千萬要記住，表達情緒一定要分清場合。在參加一個朋友的葬禮時，你得到一個關於自己的好訊息，但是你就不能在參加葬禮的時候表現出來，否則就會招來死者親友的反感，認為你對死者不恭；同樣你在參加一個朋友婚禮的時候，即使再有悲痛的事情，你也不能在婚禮上嚎啕大哭。「樂而不淫，哀而不傷」歷來被看作是自我情緒控制的至高境界。

而我們所說的平常心，通常表現在你碰到挫折和失敗的時候，沮喪

是除了憤怒之外最難徹底擺脫的情緒之一，有時候沮喪的情緒甚至會給我們的內心留下負面情緒後遺症，這對我們建立堅定的信念和長期堅忍不拔的精神都是有害無利的。

那麼，究竟該如何培養自己的平常心呢？

首先，可以難過。難過是一種正常的情緒，有些人要面子，在失敗的時候壓抑自己的情緒，讓大家以為他們很好，很堅強，實際上這種負面情緒憋在心裡，會像種子一樣生根發芽，慢慢你就會發現自己很害怕做某些事情，比如，有一個女生 800 公尺的跑步一次不及格，她雖然笑著說不當回事兒，可是之後每次 800 公尺測驗她都會身體不舒服，這就是她將負面情緒壓抑在了內心，無法釋放造成的。因此，允許自己在合理範圍內難過、失望，發洩負面情緒，對於進步和成長也是沒有壞處的。

其次，可以自嘲。哈佛大學心理調查顯示自尊心很強的人，往往更不善於自嘲，因為他們內心深處害怕別人的目光，不想讓別人看出他們的脆弱，所以這類人往往比較容易被激怒，在面對不平等和誤會的時候容易激動崩潰，這些情緒都屬於極端的負面情緒。比如說，有些同學不願意別人說自己「特別用功」，好像這樣就是在說自己不夠聰明一樣，實際上這是他們內心的自信缺乏在作怪。有時候，適當地嘲笑一下自己，把自己的缺點拿到太陽下面，反而更有利於自己進步。

最後，可以回頭。沒有什麼事情需要我們一條路走到底，對的事情什麼時候做都不晚。哈佛大學在面對大批作弊事件的時候，也並沒有一次性地退學所有相關學生，而是給他們機會，讓他們認清自己的錯誤，並且改正。對於很多人來說，做錯了事情很正常，改掉就可以了。雖然

人生沒有草稿，但是我們做的事情並非不可撤銷的。因此，不論你什麼時候覺得自己走錯了路，不要害怕，不要顧慮，掉頭重走，這不是浪費生命，這是在糾正自己的人生軌跡。

想要擁有一顆平常心，就應該明白，有的人之所以會一生快樂，並不是因為他們的人生都是一帆風順的。每個人都有情緒低落的時候，只是他們懂得調整自己的心態，能夠從失望中尋找希望，能夠在挫折中尋找力量，能夠在失敗中尋找再次出發的勇氣。如果你能夠調整好心態，就能夠擁有一顆平常心，讓自己得到更多的快樂。另外，如果快樂只是建立在一種東西之上，那麼快樂的基礎就不會穩固，也難以用平常心去面對問題。所以你應該培養自己的廣泛興趣，讓自己擁有更多獲得快樂的選擇。這樣的你，自然能夠以平常心去面對生活中的一切得失了。

哈佛小測試

你擁有平常心嗎？

陽光明媚的一天，十分適合外出遊玩。如果你在一片森林中發現了一間神祕的屋子，你覺得那會是什麼樣的屋子呢？

A. 小木屋。

B. 宮殿。

C. 城堡。

D. 平房。

結果分析

選擇 A：你是一個擁有平常心的人，能忍別人所不能忍，擁有寬大的心胸，對任何的事物都抱著以和為貴的態度，基本上來說你就是一個完美的人。

選擇 B：你是一個思路極細的人，對於身邊的事物都能有良好的安排，凡事都在你的掌握之中，雖說不上城府極深，但對於複雜的人際關係卻能處理得很好，如魚得水。

選擇 C：你可說是本世紀最屬害的人際高手，你比選宮殿的人對事物的觀察更敏銳，更能看透人心，在這方面別人總是望塵莫及，而你也一直以此特性自豪，樂此不疲。

選擇 D：你是一個生平無大志的人，也沒有什麼企圖心，雖然對周圍的感應能力並不差，但你凡事僅抱有一顆平常心罷了。這種人的最大好處就是平凡，沒有煩惱壓力。

情緒指引行動，你該這麼做

情緒指引著行動，但事實上，行動與感情是可以互相指導、互相作用的。快樂並非來自外力，而是來自內心的指引，因此，當你不快樂的時候，也可以調整內心，選擇讓自己快樂起來。

—— 威廉斯（Williams）

卡內基說過：「擁有了成功的心態，成功就會向你走來。」同樣的道理，擁有了快樂的心態，快樂也會向你走來。在哈佛積極心理課上，有這樣一個經典的故事：

有一天，一位旅行者來到一座古老的村莊，看到村口坐著一位老年人，於是便問：「請問，這個村莊裡的人，都怎麼樣？」

老年人回答說：「你之前路過的村莊怎麼樣？」

旅行者回答：「他們真是糟透了，很不和善。」

老年人說：「我們這個村莊裡的人也不和善！」

第二天，又有一位旅行者來到村莊，他也問老年人：「這個村莊裡的人怎麼樣？」

老年人同樣反問：「你之前路過的村莊怎麼樣？」

這位旅行者回答：「他們真是太好了，都非常和善。」

老年人微笑著說：「你會發現，我們村莊的人也非常和善。」

有人很不理解，為什麼同樣的一個問題，會得到兩種完全不同的答案呢？老年人卻說：「同樣的人，面對同樣的事物，卻有不同的感受，這都決定於自己的內心。如果一個人的內心充滿了陽光、美好和善意，那麼他的世界也將是充滿陽光、美好和善意的。」

哈佛大學積極心理學教授班・沙哈爾（Tal Ben-Shahar）指出，要好好控制住大腦的反應，你不能不隨時注意自己身心所處的狀態？我們所做的一切，都在追求快樂同時逃避痛苦，然而我們若是改變心態，就可以很快改變先前對快樂和痛苦的認知，即擁有積極樂觀的心態是成功的關鍵。當我們面對挫折、困難或不如意的時候，我們不妨讓自己的心態轉變一下，就會發現結果是截然不同的。一個人快不快樂，其實就在於他自己。

哈佛大學的心理學家也告訴學生：你認為自己處於某種狀態，這種狀態就會越發明顯。如果你認為自己很可憐，讓自己沉浸在苦悶之中，那麼你的生活就會真的很痛苦。如果你相信自己很快樂，並且能夠快樂地去生活，那麼你的生活也就真的很快樂。快樂的神泉取之不盡，用之不竭，它就在你自己心中。

在青少年的成長過程中，快樂扮演著十分重要的角色，如果一個青少年懂得尋找快樂，那麼他就會擁有克服困難的勇氣，也沒有邁不過的坎兒。一個充滿快樂的青少年，也往往是最容易獲得成功的那個人，因為他會比一般人少幾分煩惱，多幾分自信。

哈佛大學執教心理學家普萊格教授指出，明白了歡樂並不等於快樂，並不能令我們最終得到解脫。或許你會以為，假如有個人住在好萊塢，或迪士尼樂園所在的地方，一年到頭陽光充沛、充滿歡聲笑語，那麼他一定會比別人快樂。如果你這樣想，那麼你的看法就不免有些錯誤了。在現實生活中，許多人總是認為歡樂就等於快樂。但事實上，這兩者之間很少有共通之處。歡樂就是人們在做一種活動時，所得到的即時感受；快樂則往往是在活動結束之後才會感受到的一種成就感。所以快樂是更深入、更持久的情緒。歡樂與快樂的區別就在於，到遊樂場去遊玩，去看球賽、電影或者看電視，因為全都是歡樂的活動，能幫助人們鬆弛身心、忘卻煩惱，甚至會哈哈大笑。但是，它們不一定會帶來快樂。

哈佛小測試

你的物質欲望有多強？

又是一年植樹節，學校裡發了一株小樹苗，在許多同學的努力下，

終於把小樹苗種好了。看著小樹苗一天天長大，你覺得未來的小樹苗會長成什麼樣子？

　　A. 樹上結滿了果實。

　　B. 樹上開滿了美麗的花朵。

　　C. 已經枯死了。

　　D. 只是一棵普通的樹而已。

結果分析

　　選擇 A：你的物質欲望強烈，是典型的現實主義者。你認為如果無法馬上看到利益的話，那麼努力就會是一件極其無聊的事。你的這種個性在財產的累積上也顯露無遺，沒有長遠計畫，而只顧謀取眼前的利益。

　　選擇 B：你的物質欲望不太強烈，也不貪婪，對自己財產的多少不太關心。所以，你比較容易累積自己的財富，夠用就好。

　　選擇 C：你都是憑直覺行動，從不理會別人的意見，所有的事情都是獨斷專行，只要你喜歡沒有什麼不可以。你有很強烈的金錢欲望，又不是埋頭苦幹的努力型，喜歡追求不切實際的虛幻夢想。

　　選擇 D：你的平衡感相當好，即使心裡非常喜歡一件東西，你還是會先衡量一下自己的能力，量力而為。凡事你都周詳計畫，穩紮穩打，絕不做冒險和沒有把握的事。

控制煩躁的六條妙計

　　如果你坐下來靜心觀察，你會發現自己的心靈有多焦躁。如果你想平靜下來，那情況只會更糟，但是時間久了之後總會平靜下來，心裡就會有空間讓你聆聽更加微妙的東西。

　　　　　　　　　　—— 史蒂夫・保羅・賈伯斯（Steven Paul Jobs）

　　哈佛大學心理學家威廉・波拉克（William Pollack）指出，偶爾的浮躁並不是件壞事。因為生活中不可避免地總會遇到一些不順心的事，如果長期壓抑自己，不將積鬱的憤怒發洩出來，對自己的身心會有很大的傷害，可能會使自己的自尊心受到打擊，甚至傷害自己的身體，引起高血壓和心臟病。

　　浮躁的情緒是負面情緒裡衝擊力很大的一種，學會管理情緒重要的一點就是克服自己的憤怒。因為每個人都不想讓自己的憤怒「炸鍋」，總在試圖透過各種努力，來控制和消除自己的憤怒。憤怒本身不過是情緒的冰山一角，並不是獨立存在，而是被害怕、怨恨或不安等情緒所引發的。如果憤怒不可避免，那麼我們要做的就不是壓抑憤怒，而是找到引發憤怒的情緒根源，在達到憤怒之前消除這些煩躁的情緒，就會去掉憤怒帶來的消極影響。

　　心理學家將人的煩躁情緒比喻成心靈的霧霾。如果青少年不能很好地消除內心的浮躁，它就會像霧霾一樣讓你迷失方向。下面，就讓我們來看看控制煩躁的六條妙計：

第一計：學會接受生活的真相

　　或許你會覺得生活中有很不完美的地方，包括你自己都不夠完美，可是這並不能成為你不快樂的理由。你應該學會接受生活的真相，無論好的還是壞的，只能先接受，然後再去改變和創造。

第二計：不要被天氣影響心情

　　有的人會被天氣影響到心情，當天氣陰暗的時候，心情也變得沉重起來，甚至出現煩躁易怒的情況。在天氣好轉、陽光明媚的日子裡，心情又變得異常快樂和愜意。所以，你要學會控制自己的情緒，不要因為這些外在因素而失去內心的快樂，就算下雨天，不也很美嗎？

第三計：學會擺脫現實的困境

　　哪怕是天性樂觀的孩子，也不可能事事順心，更不可能永遠快樂。所以你必須讓自己擁有擺脫現實困境的能力。當你透過自己的努力，終於戰勝了困難，那種喜悅也是無與倫比的。如果困境一時沒有擺脫，那麼就要學會忍耐，等待更好的機遇。

第四計：擁有適度的自信

　　孩子的自信心與快樂度息息相關，如果你是一個充滿自卑的孩子，快樂一定也十分有限，所以你必須發現自己身上的優異點，樹立自信心。如果你是一個自信的孩子，那麼一定不會缺少快樂，因為你相信自己，也相信人生。

第五計：學會適應生活

比爾蓋茲說：「生活不是公平的，你要去適應它。」雖然每個孩子出身不同，家境不同，受教育的環境不同，可是獲取快樂的方式卻是一樣的。因此，你要學會去適應生活，在不同的環境中獲取同樣的快樂。

第六計：避免過於奢華

如果你的物質生活過於奢華，就會產生一種貪得無厭的心理，對於物質的追求也更難以得到滿足，這就是為什麼大多數貪婪者並不快樂的根本原因。相反，那些過著平凡生活的孩子，往往會因為得到一件玩具而開心不已。這就是心態上的不同。

總之，浮躁只不過是一種情緒，但是如果不好好控制，就會讓你變得猙獰可怖，更會讓你變得充滿苦惱和孤獨。如果控制好煩躁易怒的情緒，就會讓你變得更加平易近人，也更加從容不迫，人生也會更加快樂和幸福。

富蘭克林 (Benjamin Franklin) 曾經說過：「每一個人生氣都有他的理由，可是那些理由卻很難讓人信服。」如今的青少年面對繁重的學習及生活壓力，經常會遇到各式各樣的煩惱事，讓你感到沮喪憤怒。這時，不妨讓自己安靜下來，讓憤怒的情緒漸漸平息。當然你可以嘗試著給自己留下一些冷靜的時間，因為一個人的憤怒時間通常只能維持 12 秒，只要在感到自己即將發怒的時候做幾次深呼吸，給自己留下冷靜的時間，就能安全度過憤怒期了。此外，還應該學會管理、控制、調節自己的情緒，在感到憤怒的時候，將自己的注意力轉移到其他事情上。總之，成功的人永遠不會被憤怒所困擾。正如《聖經》(Bible) 的箴言所寫：「不輕易發怒的人，大有聰明；性情暴躁的人，大顯愚妄。」

哈佛小測試

你有浮躁的心理嗎？

1. 你不能控制自己的情緒，遇事容易著急。

2. 你經常心神不定，煩躁不安。

3. 你有盲從心理，做事就憑一股腦子。

4. 你見異思遷，做任何事情都不能持之以恆。

5. 你脾氣大，整天無所事事，喜歡投機取巧。

6. 你不切實際，好高騖遠，常常換工作。

7. 你把友誼看成是遊戲，認為只有空虛、無聊的人才需要友誼。

8. 你的考試成績總是不理想，因為你總是發揮失常。

9. 總喜歡結識一些比自己優越的人，對不如自己的人置之不理。

結果分析

如果上面 9 個問題至少有 6 個回答「是」，那麼你就存在浮躁心理。

在任何情況下，都要保持冷靜

當你的希望一個個落空，你也要堅定，要沉著！

—— 朗費羅（Henry Wadsworth Longfellow）

哈佛公共政策學教授伊萊恩・凱瑪克曾經說過：「做自己感情的奴隸比做暴君的奴僕更為不幸。」每個人在生活中都會遇到不合自己心意的事，這時候如果不保持冷靜，不克制自己的衝動行為，就會為此付出代價。

1960 年代的美國，有一位很有才華，曾經做過大學校長的人競選美國中西部某州的議會會員。此人資歷很高，又精明能幹，博學多識，看起來很有希望贏得選舉的勝利。但是，在選舉中期，有一個很小的謠言散布開來：三四年前，在該州首府舉行的一次教育大會中，他跟一位年輕的女教師「有那麼一點曖昧的行為」。

這實在是一個彌天大謊，這位候選人對此感到非常憤怒，並盡力想要為自己辯解。由於按捺不住對這一惡毒謠言的怒火，在以後的每一次集會中他都要站出來極力澄清事實，以證明自己的清白。其實，大部分的選民根本沒有聽過這件事。但是，現在人們卻越來越相信有那麼一回事，真是愈抹愈黑。

大眾們還振振有詞地反問：「如果他真是無辜的，他為什麼要百般為自己辯解呢？」如此火上加油，這位候選人的情緒變得更壞，更加氣急敗壞、聲嘶力竭地在各種場合下為自己洗刷，譴責謠言的傳播。然而，這更使人們對謠言信以為真。最悲哀的是，連他的妻子也開始轉而相信謠言，夫妻之間的親密關係被破壞殆盡。最後他失敗了，從此一蹶不振。

生活中，人們常常會面對各種刁難和不如意。有的人會因此大動肝火，結果把事情搞得越來越糟了。有的人卻能很好地控制自己的情緒，泰然自若地在生活中立於不敗之地。所以哈佛的教授常常會對學生說：「無論在怎樣的情況下，都要時刻保持冷靜。」

一個陰鬱沉悶的下午，美國前陸軍部長斯坦頓（Edwin McMasters

Stanton）來到林肯（Abraham Lincoln）那裡，氣呼呼地說：「有一位少將用侮辱的話指責我偏袒一些人，我現在非常氣憤！」林肯建議斯坦頓寫一封內容尖刻的信回敬那傢伙。「可以狠狠地罵他一頓。」林肯說。斯坦頓立刻寫了一封措辭強烈的信，然後拿給總統看。「對了，對了。」林肯高聲叫好，「要的就是這個！好好訓他一頓，寫得真絕，斯坦頓。」但是當斯坦頓把信疊好裝進信封裡，正準備寄出去的時候，林肯卻叫住了他：「不要胡鬧了，這封信不能發，快把它扔到爐子裡去。凡是生氣時寫的信，我都是這麼處理的。這封信寫得好，寫的時候你已經消了氣，現在感覺好多了吧，那麼就請你把它燒掉，再寫第二封信吧。」

哲學家康德（Immanuel Kant）說：「生氣，是拿別人的錯誤來懲罰自己。」讓怒火肆意地放縱，就等於是燃燒我們自己有限的生命。很多有智慧的人和有成就的人，都曾經反覆地告誡人們，千萬不要被憤怒左右。何必如此自討苦吃呢！畢達哥拉斯（Pythagoras）說：「憤怒以愚蠢開始，以後悔告終。」是呀！如果不想成為愚蠢的代名詞，我們就要控制好自己的情緒，不要輕易憤怒。生命很短暫，我們要去實現與追求的美好事物實在是太多了，你有時間和精力耗費在生氣這件事情上嗎？可不要做這隻愛生氣的傻駱駝呀！

哈佛心理學教授指出：人一旦處於憤怒的狀態，就難以保持冷靜清醒的頭腦，做錯事的機率就大大地增加了。所以，當你在心煩意亂時，不妨讓自己安靜下來，不去想困住我們的難題，而去想像一下夏日夜晚的星空，多麼安詳、多麼寧靜、多麼璀璨、多麼自由。因此，我們也應該去追尋那種虛懷若谷的胸懷，去追求那份寧靜中的自由，當在這份寧靜中擁有了一份超然的心情後，一切壓力就容易釋放出來，我們又可以重新找到前進的方向。

冷靜是一種風度，更是一種品格。我們受挫時要保持冷靜 —— 在冷靜中鎮定，在冷靜中反省，在冷靜中堅強，在冷靜中撞擊新的火花；成功時更需要冷靜 —— 在冷靜中成長，在冷靜中清醒，在冷靜中尋找新的起點，確立新的目標。

哈佛小測試

趣味小測試：看看你是彩虹飲食族群嗎？

評分標準：每題答「是」得2分，答「不確定」得1分，答「否」得0分。

1. 你對健康非常重視，並且關注健康知識和話題，關心身邊人的健康？

2. 你是否非常注重日常飲食中的營養搭配？

3. 你是否有時會主動抵制油炸類、煙燻類、膨化類食品，速食或者碳酸飲料？

4. 在日常飲食之外，你有攝取營養補充品的習慣嗎？

5. 在工作或者日常生活中，你沒有抽菸、飲酒的習慣或會主動戒菸、限酒？

6. 你是否有經常跑步、瑜伽、游泳之類體能訓練的習慣？

7. 在繁忙的工作之餘，你是否每天花一定時間和家人溝通？

8. 你是否培養一些屬於自己的興趣愛好，並在此過程中充分體驗到樂趣？

9. 你是否一直擁有充足的睡眠和休息？

10. 每天醒來，你都覺得精神飽滿，對新的一天充滿信心？

11. 你是否會主動定期全面的健康體檢？

12. 在面對工作生活中的各種壓力時，你是否都能心平氣和地面對，很少產生焦躁不安的情緒？

結果分析

22～24 分：恭喜，你屬於「彩虹飲食族群」。請繼續保持！

18～21 分：你已經接近「彩虹飲食族群」。但是還需增強自身的免疫力以對抗「流感」等流行性疾病。

13～17 分：您屬於健康邊緣人。你的身體出了些小情況，需要開始從飲食、生活習慣等注意起來，以免情況變壞。

7～12 分：警惕！您已經漸漸遠離健康。你的身體已經出現了患慢性疾病的隱憂，一定要開始加倍注意自身的健康。

6 分以下：你有獲得慢性疾病的危險。你的身體狀況明顯欠佳，有可能成為「過勞死」。

改變可以改變的，接受自己不能改變的

宿命論是那些缺乏意志力的弱者的藉口。

—— 羅曼・羅蘭（Romain Rolland）

「對必然的事，要輕快地去承受。」這句話至今仍被哈佛人所引用。它並不是叫人屈從於命運，它的意思是，對於自己不能改變的事實，不妨以平常心對待。西方有條著名的諺語：不要為打翻的牛奶而哭泣。牛奶被打翻了，愚蠢的人會不斷地埋怨自己的粗心，並沉迷於痛惜的悲哀之中；聰明的人會一笑而過，既然牛奶灑了，悲傷也沒用，不如努力工作，去賺得下一杯牛奶和麵包。

現實中也一樣，有很多我們無法改變的東西，比如周圍的環境、天氣、市場等，那我們就不要去改變它們，而是面對現實、接受現實。重要的是我們可以把握和控制一些改變，比如自己的想法、心態、勤奮程度等一些自我的因素，把自己調整到最好狀態，去積極地應對各種挑戰。

畢業於哈佛大學的埃德加是一位著名的演講家，他常常在演講中提到自己的女兒，他很自豪地說：「我的女兒活潑可愛，熱愛運動。她是學校壘球隊的主力隊員，她的夢想是長大後挑戰職業賽場。」

有一次，埃德加應邀到國外演講。忽然，他接到一個美國打來的電話：他心愛的女兒遭遇意外事故，身受重傷！他驚聞噩耗，如五雷轟頂，當即中斷演講，飛回美國。這時，女兒的一雙小腿已被切除，還好生命無恙。埃德加站在這個折斷了翅膀的小天使面前，心如刀割。他一向流利的口才不見了，變得期期艾艾，笨嘴笨舌。他不知該怎樣安慰女兒才好。是啊！命運對這位可愛的小女孩太殘酷了！她成為職業球星的夢想大概是破滅了，她還會在日後的生活中遇到許許多多的難題，她將如何調整自己的心情和應付自己的不幸？

小女孩見父親愁眉苦臉的樣子，安慰道：「爸爸，不要難過呀！你不

是常說，『每一個苦難與問題的背後，都有一個更大的祝福』嗎？」埃德加看著女兒天真爛漫的樣子，不知說什麼好。道理是這個道理，痛苦卻是實實在在的。他顫聲說：「可是，你的腳⋯⋯」

「沒有腳，我還有手呀！我應該為自己感到慶幸，因為命運只是奪走了部分我需要的東西，我仍然能追求我喜歡的生活。」

兩年後，小女孩升入高中。她憑自己的實力，再度入選校壘球隊。裝上義肢的她，不能奔跑，只能緩步行走。正常情況下她是無法上壘得分的，即使漂亮的「安打」也不行，除非她擊出「全壘打」。因此，她每天苦練臂力，她要培養一種長處來彌補自己無法改變的缺陷。結果她成為該聯盟最厲害的全壘球王。

沒有人喜歡苦難和問題，但是當苦難和問題不期而至時，只能給樂觀的人製造一些障礙，卻擋不住他們的腳步。詩人惠特曼（Walt Whitman）說過：「人必須要像樹和動物一樣，去面對黑暗、暴風雨、飢餓、愚弄、意外和挫折。」沒錯，環境是殘酷的，生活在世界上的每一個生物都必須明白適者生存的道理，因此只有勇於面對並接受已成事實的事情，才能走得更遠。

在人生的漫長歲月中，每一個人都會碰到各式各樣的事情，其中肯定會有一些令人不快的事情，但是我們可以把它們看成一種不能改變的事實加以接受，並且適應它。正如著名哲學家威廉・詹姆斯所說：「人要樂於承認事情就是這樣的狀況。並且能夠接受已經發生的事實，這是克服任何不幸的第一步。」

如果你改變不了過去，那你可以改變現在。過去的就讓它過去，才會在未來走得更好。因為拋棄了不必要的包袱，生活才會更美好。人生

如此短暫，有什麼理由不去好好生活呢？有太多的事情要你去做，有很重要的人等著你去珍惜。不要回頭，努力向前吧！前面的世界是很精彩的。

如果你改變不了環境，那你可以改變自己。因為我們還年輕，所以會經歷一些事情。比如愛情，比如友情。但是，沒有人能夠永遠快樂幸福地過每一天，也沒有人能夠很坦然地面對自己的堅強和軟弱。經歷和磨難，讓我們成熟；寬容和愛，讓我們幸福；理解和信任，讓我們心安，我們可以決定自己的態度，面對生活中的一切。等到某天重新回頭看待自己的人生時，我們會覺得一切都變得雲淡風輕了。

哈佛人堅持認為，接受並適應那些不能改變的事實，就是以積極的心態來「解讀」面臨的事實，就是將思緒的情感轉移到其他可為的方面上。如果我們為自己的意志力量所無能為力的事情而煩惱，那無異於自尋煩惱、作繭自縛。面對無奈的事實，悲憤痛苦不如坦然接受。的確，在某些時候，我們不得不向人生的暴風雪低頭。但這低頭絕不是對人生打拚的投降，而是一種等待、順應、迂迴、替代或超越的人生策略，目的在於戰勝風雪，更好地生存下去，求得長遠的發展。如果不問境況與之硬拚，只能算是匹夫之勇，不僅容易心情鬱悶，而且還可能毀滅自己。

哈佛小測試

U2 合唱團在 17 分鐘內得趕到演唱會現場，途中必須跨過一座橋，四個人從橋的同一端出發，你得幫助他們到達另一端，天色很暗，而他

們只有一支手電筒。一次最多可以有兩人一起過橋，而過橋的時候必須持有手電筒，所以就得有人把手電筒帶來帶去，來回橋的兩端。注意，手電筒是不能用丟的方式來傳遞的。四個人的步行速度各不相同，若兩人同行則以較慢者的速度為準。波諾（Bono）需花 1 分鐘過橋，The Edge 需花 2 分鐘過橋，亞當・克雷頓（Adam Clayton）需花 5 分鐘過橋，小賴瑞・慕蘭（Larry Mullen, Jr.）需花 10 分鐘過橋。他們要如何在 17 分鐘內過橋呢？

答案

2＋1 先過 2

然後 1 回來送手電筒 1

5＋10 再過 10

2 回來送手電筒 2

2＋1 過去 2

總共 2＋1＋10＋2＋2 ＝ 17 分鐘

高情商才是成功的最關鍵因素

成功＝20％的智商＋80％的情商

—— 丹尼爾・高爾曼（Daniel Goleman）

你有沒有想過，為什麼哈佛大學能夠高居世界名校之首，並且能夠培養出如此多的政界領袖和商業鉅子呢？這和哈佛大學著重培養學生的情商有著密不可分的連繫。

以往人們都將智商水準的高低看成一個人成功與否的關鍵因素，直到哈佛大學教授、心理學家丹尼爾‧高爾曼告訴我們：「在決定一個人是否成功的關鍵要素中，智商的作用只占 20%，而情商的作用卻占到了80%。」按照丹尼爾‧高爾曼教授的說法，情商才是一個人成功與否的最關鍵因素。

在哈佛，單純的學習成績絕不是論成敗的重要標準，哈佛大學錄取的法則是學生的綜合素養，如果說智商決定了一個人的成績，那麼情商就決定了這個人的綜合素養，而從某種方面來說，情商可以影響智商，比如說一個情商很高的人，其協調組織能力就較為出眾，而這種人的學習能力較強，可塑性較強，也更有團隊精神，這要比單純的天才重要得多。

也許有些同學會不以為然，「那我天生情商低，我有什麼辦法？」在這裡我想說的是，情商的的確確是可以培養的，在哈佛大學的課程表裡，你會看到「情商課程」已經成了必修課，這是每一個哈佛學子都要培養的一個新的素養。不僅僅是哈佛，美國大部分名校都已經開設了情商課程，並且 50% 將該課程列為必修。如此看來，想要在當今社會做出點成就，沒有情商是行不通的。作為青少年，我們的性格有極強的可塑性，幾個小小的習慣就能夠改變我們今後的走向，因此我們在鑽研知識的同時，也不能忘記培養自己的情商，「兩手都要抓，兩手都要硬」，就像兩條腿，都健全強壯，才能走得快，走得遠。

　　那麼，你應該如何在實際生活中提高自己的情商呢？

　　首先，自我認知 —— 這是培養情商的前提，只有充分了解自己的情緒，才能合理地利用它們，操控它們，駕馭它們。即使是青少年，你也應當自己決定自己的人生，自己的情緒，不能依靠老師或者家長的監督來完成自己的使命，或者把失敗的罪責都推到別人身上。誠實地面對自己，觀察自己在面對成功和挫折時的心態，留心自己在面對諷刺和失敗的情緒，這都可以幫助我們建立良好的自我認知。是否能夠做到處變不驚、寵辱不驚，是否會在失敗後反省，在成功後謙虛，都是考量自己情商的一個重要指標。

　　其次，控制自我 —— 這是情商自我駕馭的表現。哈佛大學情商課程中指出，接受情緒是培養情商的一個重要步驟。那麼，我們應該怎樣控制自己的情緒化行為呢？一是要承認自己情緒的弱點；二是要控制自己的欲望；三是要學會正確認識、對待社會上存在的各種矛盾；四是要學會正確釋放、宣洩自己的消極情緒。

　　最後，鼓勵自我 —— 這是情商產生正面情緒的必要過程。美國短篇小說家歐・亨利（O. Henry）在他《最後一片葉子》（*The Last Leaf*）裡講了這樣一個故事：病房裡，一個生命垂危的病人從房間裡看到窗外的一棵樹，樹葉在秋風中一片片地落下來。病人望著眼前的蕭蕭落葉，身體也隨之每況愈下。她說：「當樹葉全部掉光時，我也就要死了。」無望的情緒籠罩著病人。一位老畫家得知後，用彩筆畫了一片葉脈青翠的樹葉掛在了那棵樹上。結果，那片「葉子」始終沒有掉下來。只因為生命中的這片綠，病人不斷鼓勵自己，竟奇蹟般地活了下來。這就是自我鼓勵帶給人的影響，其影響之大可見一斑。

總之，你千萬不要忘了自己除了 IQ 還有 EQ，當你按照我們說的方法鍛鍊自己的情商，正面情緒就會慢慢浮現在你的生活裡，當 EQ 值達到一定的級別，你將發現，IQ 已經不重要了，因為你已經擁有了讓自己更幸福、更成功的方法。

哈佛小測試

你的領導能力有多高？

有一天在路上，你遇到失去連繫的老同學，你們相約到附近的冰淇淋店去坐坐，除了聊聊目前的學業生活之外，難免談起以前的時光，這時候，你最怕老同學提起什麼？

A. 兩人剛認識時的搞笑事情。

B. 畢業分開時的感覺。

C. 你們另一個好朋友。

D. 一次旅行的經歷。

結果分析

選擇 A：你的領導才能會在小團體內發揮，一旦人變多了、關係變得複雜了，你就會掌控不住局勢，甚至招致民怨，「寧為雞首，不為牛尾」說的就是你的性格。

選擇 B：你在團體當中通常是「Helper」，你的生活哲學是「平生無大志，只求有飯吃」，擁有隨遇而安的個性，是一個很實在的人。

選擇 C：你具有領導的才能，卻沒有領導的大氣。想要讓一群人對你服從，可不是只有才華可以的，你必須懂得唯才是用、能屈能伸、善用智謀，如果只有勇氣和衝勁是不夠的。

選擇 D：你是天生的領導者，有指揮群眾的天分和魅力。你並不會刻意表現出自己的野心和企圖心，但是大家自然就會找你解決問題，喜歡和你在一起，可能是你有一股王者的風範吧！

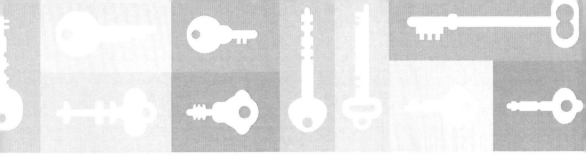

第四章
知識是最安全的財富：
學業都無法戰勝，你還能做什麼？

　　哈佛教授告誡學生：「此刻打盹，你將做夢；此刻學習，你將圓夢。」這也充分說明了學習的重要性 —— 即使是哈佛大學的「天之驕子」，也要不停地學習知識，這樣才能避免被殘酷的競爭所淘汰。在追求夢想的道路上，學習能夠讓你不斷進步，能夠為你插上飛翔的翅膀！

祈禱，然後去學習

我所能奉獻的，只有熱血、辛勞、汗水與眼淚。

—— 溫斯頓・倫納德・史賓賽・邱吉爾

鄧斯特是哈佛大學的第二任校長，他經常對學生們說：「祈禱，然後去學習。」哈佛大學的學生有所信仰，卻更加崇尚知識。

哈佛大學的學生在進入校園後最先要掌握的就是在圖書館查詢和學科有關書籍的能力。因為日後的實踐能力，取決於今天他們掌握理論知識的多少。他們經常漫步在大學圖書館中，在知識的海洋中自由徜徉。但這片知識的海洋太過寬廣，他們必須在數不清的典籍中尋找出對自己有益的那一部分來學習。

為什麼他們對知識如此痴迷呢？因為他們知道只有知識是最安全的財富，即使世間獨一無二的神偷，也偷不走你學進腦子裡的知識。

為什麼說知識是一筆財富呢？因為在現代社會，知識正在向資本靠攏，這意味著你掌握的知識越多，你收穫的資產也會隨之增多。大家不難發現，近年來一些上班的人也加入了學習大軍，而且他們的數量與日俱增，今後，這種成長趨勢將會更加明顯，這就是我們平常所說的「充電」。為何這些上班族都需要如飢似渴地「充電」呢？因為在科技日益發展的今天，如果你缺少知識，那麼你很快就會被社會淘汰。

在 1992 年時，美國有 400 多萬上班族加入到了學習的大軍中，他們有些是發現了如果不學習會遇到致命的「危險」，有些是企業的主要力量，企業拿出一大筆經費，讓他們繼續深造。以營利為目的的企業自然不會做虧本的買賣，這些學習者經過再次學習之後，在工作中會明顯

提高工作效率。例如，公司的科學研究人員經過不斷地學習掌握與時俱進的技術，將技術應用於企業的生產和經營中，為企業賺取更為豐厚的利潤。

哈佛大學是一所譽滿全球的學校，而哈佛大學商學院更是聞名世界。商學院的教授經常會給學生講一個故事：

福特公司是一家大企業，在公司工作的工程師都是各大學的菁英，但是有一天這些菁英也遇到了一個難題，他們面對發生故障的大型電機束手無策。為了維持公司正常的營運和生產，他們只好請來了權威人士斯坦因梅茨。斯坦因梅茨對電機做了一番檢查，之後看了一下電路板，將一條線畫在了電路板的某一位置上，他對身邊的人說：「這裡的線路斷了，接通一下就可以了。」工廠的工人照著他的話接通了電機裡的線路，電機又正常執行了。當公司請斯坦因梅茨提出修理費用時，他要 10000 美元，這讓福特公司的工程師震驚極了，他們說這簡直是敲詐。斯坦因梅茨一句話也沒說，拿出筆在付款單上寫道：「1 美元是畫一條線的錢，而另外 9999 美元是知道將線畫在哪裡的費用。」其他人看了，都羞愧難當。

畫一條線，我想每個人都會，但是知道應該把線畫在哪裡的人就少了，可以說斯坦因梅茨是用他的知識來換取了這筆財富，這證明了知識與資本是相互融合的關係，這也充分展現了知識具有的價值是其他東西無法比擬的。

從前有一個富人，家裡世代經商，傳到他這一代時，他非常厭煩經商之道，為了繼承家裡的生意，他僱了一個夥計，起初夥計只是為了工錢而工作，當他發現僱主什麼都不懂，一切生意都需要他打點時，他便不斷學習經商之道。富人看到生意更加興隆，十分高興，獎賞了夥計後

整日無所事事，肆意消磨著時光。有一天，富人家來了一夥強盜，不僅搶走了所有的金銀珠寶和錢財，還放火燒了他家的倉庫，一下子富人成了徹徹底底的窮光蛋。

而那個夥計呢，因為富人家的生意已經全毀了，他也只好離開了。夥計拿自己的工錢開了一家小店鋪，憑藉著他給富人打工時累積的經驗和學到的知識，他的店鋪很快越做越大，最後成了一方巨賈，而那個富人已經淪為了一個乞討者。

曾經的石油大王洛克斐勒也說過一段話，意思是說即使剝光他身上所有的衣服，拿走他的所有財富，然後把他扔到沙漠中，只要有一支商隊經過，他又可以成為一個億萬富翁。洛克斐勒為何這麼自信？因為他擁有一種特別的財富，這種財富無人能偷走，但卻可以改變人的命運，這種財富就是知識。我認為這足以證明知識的重要性以及實用價值。

哈佛小測試

測測你的頭腦的靈光度。

請快速回答下面的問題：

1. 芭拉家共有 8 人，其中有 6 人會下象棋，5 人會下圍棋，4 人會下西洋棋。問 3 種棋都會下最多有幾人，最少是幾人？

2. 艾特每分鐘跑 3 圈，安東每分鐘跑 2 圈，亞森每分鐘跑 1 圈。三人同時起跑，問多長時間後重新相會在起跑線上？

3. 一個人生於西元前 10 年，死於西元 10 年他生日那一天，這人活了多少歲？

4. 布魯發現 400 公尺的圓形跑道上，跑在達倫前面的有 5 個人，後面的也有 5 個人。總共有多少人參加千里決賽？

5. 班主任讓全班同學站成一排，一次又一次地讓奇數位置的人往前站，最後讓剩下的兩名同學做節目主持人。已知班上有 50 人，卡拉想做節目主持人，應站在什麼位置上？

6. 克里斯回家，前一半路程乘汽車，比平時騎腳踏車快 4 倍，後一半路程步行，比騎腳踏車慢一半。克里斯這次回家用的時間比平時少嗎？

7. 漢納家共 4 口人，年齡之和是 73 歲，父親比母親大 3 歲，漢納比妹妹大 2 歲。4 年前全家的年齡之和是 58 歲。每人年齡是多少歲？

8. 桌子上有一杯咖啡，一杯牛奶，從牛奶杯舀一勺牛奶倒入咖啡杯，然後再舀一勺混合的咖啡牛奶倒入牛奶杯中。牛奶杯中的咖啡多，還是咖啡杯中的牛奶多？

9. 哥哥缺 5 角錢，弟弟只缺 1 分錢，兩人把錢合起來買一本小說仍然不夠。這本書的價錢是多少？兄弟倆各有多少錢？

結果分析

每題 2 分：

1. 最多為 4 人。最少沒人。

2. 1 分鐘後。

3. 19 歲。

4. 6 人。

5. 站在第 1 號或第 33 號的位置上。

6. 不是少而是多。

7. 34 歲、31 歲、5 歲和 3 歲。

8. 一樣多。

9. 這本書 5 角錢。哥哥沒錢，弟弟有 4 角 9 分錢。

18 分：反應能力超常、快速。

10 ～ 16 分：反應能力優秀，鎮定自若。

2 ～ 8 分：反應能力一般，往往不知所措。

0 分：反應遲鈍，總是墨守成規。

智慧是最厲害的武器

學習是勞動，是充滿思想的勞動。

—— 哈佛勵志箴言

如果我問：「什麼武器最厲害？」相信大家會給出許多答案，但我想大家給出的應該是一些化學殺傷性武器，這些武器雖然會對生命安全帶來巨大的傷害，然而它們並不是最厲害的武器。那麼什麼才是最厲害的武器呢？答案就是智慧。那麼如何擁有這種最厲害的武器呢？可以和別人交換嗎？或者可以用金錢去買嗎？這當然是不可能的，因為智慧要透過學習才能獲得。

在這個世界上存在天才嗎？那些聰慧過人，掌握許多知識與技能的人是不是天才？例如愛迪生、愛因斯坦、牛頓等偉大的科學家和理論家，他們應該是天才吧。其實這個世界根本不存在天才，他們之所以會比一般人有能力，有智慧，那是因為他們比我們更熱愛學習，他們透過學習來提高自己、完善自己，最終取得了顯著的成就，也獲得了別人的讚揚。但他們的的確確是普通人，是學習改變了他們，也是學習讓他們逐漸實現了人生價值。

「路漫漫其修遠兮，吾將上下而求索。」人生之路是漫長的，在這條路上許多人在不停地前進，如果你突然停下來，其他人還是會不斷進步。也許你回頭看到的是他們拚命追趕你的情景，但當你再回頭觀看時，他們的身影卻已經消失了。此時的他們早已超越了你，你要做的就是奮起直追，再次超越他們。這樣你的人生才會更加有意義，而你也會感悟到人生的真諦。值得我們思考的是我們到底用什麼去超越別人，是財富、美貌還是權利？都不是，只有學習才會讓我們將對手擊敗，將那些追趕者遠遠拋在身後。不管我們身分低微與否，不管我們經歷過多少挫折與磨難，只要我們把學習當成自己的使命，永不停止學習，那麼我們就可以超越別人，體會到人生的價值與意義。

有一個電梯維修工人，他叫尼古拉，出生於希臘。他特別喜歡研究現代科學，每天下班後，他都要堅持用一小時的時間去學習核物理知識，時而拿起書仔細閱讀，時而自己靜靜地思考，學完一小時後他才會吃晚飯。慢慢地他累積了豐富的物理知識，他的腦海中也出現了一個大膽的想法。尼古拉在 1948 年時提出了一個計畫：建立新型粒子加速器。比起當時其他類型的加速器，這是一種造價更低、效率更高的加速器。美國原子能委員會接收了他遞交的計畫書，之後完成了相關試驗，經過

改進後，這種加速器讓美國省去了大筆開銷。政府也獎勵了尼古拉 10000 美元，而且加州大學還聘請尼古拉去他們學校的放射實驗室工作。後來尼古拉又取得了多項研究成果。

　　一名普普通通的電梯維修工人可以成長為一名科學家，這說明了什麼？這個故事告訴了我們大家一個道理：不是只有那些聲名顯赫，或是明星大學的專家學者才會取得成功，普通人一樣可以獲得成功。只要我們堅持學習，就會縮短我們和優秀的人之間的差距，也許現在我們和他們還相差萬里，在我們看來，他們是如此遙不可及。但是我們要相信透過學習，一切都可以改變。

　　陳茂榜是一位非常有名的企業家，許多人都聽過他的演講，每一次聽眾都會被他的演講所折服。他對於數字的記憶特別出眾，能夠輕易地說出每個國家的面積、人口以及國民收入等資料。美國聖諾望大學曾經給陳茂榜頒發過名譽商學博士學位，但是大家或許不知道，陳茂榜只上完小學就離開了校園。也就是說只有小學學歷的他獲得了名譽博士學位。這似乎太讓人震驚了，但是他用實力證明了，他博士學位的獲得是名副其實的。

　　陳茂榜一直堅持學習，每天晚上他都要學習很晚。陳茂榜 15 歲的時候離開校園來到書店當起了店員，書店的工作很辛苦，每天都要工作 12 小時，但他卻沒有被疲倦打敗，每天下班後，他就在書店學習讀書，他把書店當成是自己的書房，在這裡他自由邀遊，與書為伴。陳茂榜一直在書店工作了八年，在這八年間他讀了許多書。後來他創辦了自己的企業，成了一位有名的企業家。

　　可以說每一個人都是透過學習的橋梁走向了成功。只有不停地學習，才能不斷前進。社會並不是靜止不前的，學習一刻也不能間斷。「學

如逆水行舟，不進則退。」如果我們不能透過學習來使自己進步，那麼我們就會倒退；機器在使用一段時間後會變舊，能夠發揮的作用越來越小，知識也同樣如此，舊知識總會被新知識所代替，例如科技知識，其發展變化特別明顯，兩三年不學習，就會被社會淘汰。因此要想不斷成長，不斷進步，我們必須堅持學習。

「忙完秋收忙秋種，學習，學習，再學習。」這是一句廣泛流傳在哈佛大學的話。這句話充分說明了學習的重要性。我們也可以看出即使是身處哈佛大學的「天之驕子」也要不停地學習，只有這樣他們才會與時俱進。

學習貴在堅持，只有不停地學習，才能有所進步。所以每天只學習一兩個小時，勝過一天學習六七個小時後，間斷好多天再學習。學習是一種循序漸進的過程，連貫性的學習方法有助於鞏固我們已經學到的知識，同時也會刺激我們的大腦不斷掌握並吸收新知識。如果學習不能做到持之以恆，那麼我們不可能享受到成功的喜悅。半途而廢，不僅是意志薄弱的表現，同時也證明你是一個行動上的矮子。不能堅持長久的實際行動，最終會被成功拒之千里。

堅持不懈地學習，天天學，月月學，年復一年，我們就能用知識搭建一座堅實的堡壘，堅守知識城堡，我們可以輕易贏得角逐戰。每一場戰役的勝利都得益於知識的力量，而知識又來源於連續性的學習。讓我們沉醉在書山學海中，用知識武裝頭腦，用學習創造明日的輝煌！

哈佛小測試

學習需要有足夠的毅力和決心，來測一測你的毅力有多大吧。

你和朋友外出旅遊，走到一片森林前，森林的面積看起來很大，朋友建議穿過森林，這時你會：

A. 跟朋友一起穿過森林。

B. 嘗試走進去，走到半途退出來。

C. 看到森林面積太大，擔心進去會迷路，不跟朋友一起進去。

參考答案

選擇 A：你面對新鮮事物有很大的決心和毅力去嘗試，不怕前面的困難和挫折。

選擇 B：你比較謹慎，但缺少堅持下去的勇氣，做事經常半途而廢。

選擇 C：你缺少必要的毅力和決心，不敢嘗試新領域，擔心失敗。

只有學習才能讓我們掌握生存下去的技能

學習是動力，它可以創造一個更美好的世界。

—— 哈佛勵志箴言

學習到底對一個人的成長有怎樣的作用？如果我們不參與人類社會的學習，那麼我們會有怎樣的變化？近些年來，人們在一些山林以及偏僻的地方發現了一些豬孩和狼孩，善良的人們將他們帶入了文明社會中，但是他們的表現讓人們很震驚，人們透過研究這些從小被野豬或是狼撫養長大的孩子發現：只有學習才能讓人成長，也只有學習才能讓人獲得在社會生存的能力。

1724 年，德國人發現了狼孩「野彼得」（Peter the Wild Boy of Hanover），人類學家在研究過野彼得的行為以及思想後，他們認為這比發現幾萬顆新星的意義要大得多。人類學家透過一段時間的觀察發現：學習對生物的存在有著決定作用，一個人跟著狼群學習，那麼他就會成為一匹「狼」；如果他跟著人學習，那麼他就會成為一個「人」。

我們每個人剛出生時，並不知道許多知識，也沒有掌握生存的技能。都是在後天中一點點學習，將學習到的經驗應用到實際的生產和實踐活動中，透過慢慢實踐，才掌握了各種技能。只有學習才能為我們增加才能，才能讓我們掌握生存下去的力量。

而學習最主要的就是應用與實踐，它能讓學習轉化為能力。「紙上得來終覺淺，覺知此事要躬行。」書本上的理論知識讓我們對各個領域都有了一個初步的認知，但是如果我們想把知識應用在每一個領域，那麼就需要實踐，讓知識化為能力，解決現實中遇到的各種難題。

2012 年，哈佛大學給予一位女孩博士研究生錄取通知書，並且承諾免除她的所有學費，而且每年還為她提供 30,000 美元的生活費。這個女孩是誰，竟能引起哈佛如此的重視，而為她提供這樣的優厚待遇？她就是郭萌。

　　2012 年年初，郭萌被評選為「全美數學最優秀女生」。這項榮譽的得主數量可是少之又少，每年只有幾個人能夠享此殊榮。美國伊利諾伊大學香檳分校在主圖書館的牆上鐫刻了郭萌的名字。

　　郭萌平時學習就非常刻苦，而學習數學更是需要花費大量的時間做習題，只有一遍遍地將所學的公式、理論結合到習題中，才能熟練掌握所學的內容。郭萌每天不僅要完成導師交代的作業，還經常嘗試用不同的解法去解開各種數學難題，她明白僅僅掌握公式和理論是不夠的，要想進一步提高自己的學習能力，必須將所學運用到實際當中。她每天都要在圖書館待很久，坐在那裡冥思苦想，只為解開一道數學難題。

　　時間一久，她就養成了善於解決問題的良好習慣，有時導師用一種方法為大家解開難題後，郭萌會很快想到用另外的方法去解決。導師和同學都很讚賞郭萌的聰明才智和勤奮鑽研的精神。因此哈佛大學以及其他享譽世界的明星大學都提前向她發出了博士研究生的錄取通知書。因為如此善於學習的學生必定擁有非凡的能力，無論她走到哪裡，都會將知識的力量傳遞下去。每個大學都希望她能為學校帶來不竭的動力，讓學術永遠放射出耀眼的光芒。

　　透過郭萌的故事，我想告訴大家一個道理：我們在努力學習知識的時候，不能忘了能力的培養，而能力從何而來，它是從學習中轉換來的。我們一定要協調好二者的關係，讓二者形成最好的黃金比例，這樣才能讓學習轉化為能力，讓能力進一步促進學習。二者相輔相成、相互促進，才能讓我們身體內隱藏的巨大潛力發揮出來，讓我們憑藉知識的力量去改變自己，改變命運，最終改變世界。

　　「讀萬卷書，行萬里路。」這說明學習和實踐是同等重要的，假如我

們只是一味地學習課本裡的知識，而不知道如何去運用所學的知識，那麼最終培養出來的只是一個書呆子，對於實踐和應用卻一無所知。我想大家一定都知道「紙上談兵」的故事吧。在戰國時期，趙國有一個人叫趙括，他是名將趙奢的兒子，自幼跟父親學習兵法，從小就熟讀兵書，談起軍事來，他的父親都不及他。後來趙括接替了廉頗的職位，當上了趙國的將軍，在長平一戰中，趙括只知道按照兵書中的內容去指揮軍隊，根本不會根據實際情況去變通，最終被秦國的軍隊打得落花流水。

這說明知識的學習不能僅局限在書本，一定要將知識應用到實踐中。只有具有實際意義的知識才是我們掌握的真正知識，否則停步在書籍中的學習是不能夠指導生活和實踐的。

我們發現每一個從哈佛大學畢業的人都成了社會的成功人士。因為他們懂得如何學以致用，能夠將所學應用到現實中去。哈佛大學培養了一批智者，因為他們懂得一個道理：只有反覆應用所學，才能掌握真才實學。

那麼我們在學習時如何將學習到的知識轉變為應用能力呢？我們可以嘗試透過以下幾個方法來提高自己應用知識的能力。

首先，積極思考。無論是學習新知識，還是複習舊知識，思考能夠讓我們收穫更多。積極主動的思考，可以讓我們對新知識有一個全面的認知，對知識涉及的領域、包含的資訊以及知識具有的相關價值都有進一步的了解，做到心中有數，在學習時就會倍感輕鬆。所以平時的預習不能只是走馬看花地瀏覽課業內容，應該做到深入的思考。而對舊知識思考，則會發現許多問題都可以透過它得以解決。

其次，解決問題。要想提高自己應用知識的能力，就要無時無刻不去解決問題。解決的問題可以是新遇到的，也可以是之前解決過的。事

實證明，解決問題的方法並不是單一的，因此即使是過去解決了的問題，我們也可以嘗試用其他方法去解決。而在解決新問題時，我們的大腦更是會高速運轉起來，因為大腦神經遇到了全新的刺激，此時會積極呼叫大腦儲備的知識。尋找問題、解決問題，我們的能力會在無數解題過程中自然而然地提高。

哈佛小測試

只有將知識應用到實踐中，才能讓知識發揮作用。下面來測試下你的學習應用能力吧。

老師在課上為大家展示了一個小發明，告訴大家這個小發明有一個缺陷，希望大家可以一起幫助改進。這時你會：

A. 不去理會，老師沒有交代我去改進。

B. 和其他人一起思考並討論小發明哪裡存在缺陷。

C. 拿過小發明仔細研究，使用小發明的功能，從書本上尋找功能實現的原因。

結果分析

選擇 A：不僅缺少動手能力，而且態度不佳，無法做到學以致用。

選擇 B：雖然在探討問題，但缺少實踐能力，只停留在理論研究階段。

選擇 C：你注重理論與實踐相結合，只有透過實踐才能發現問題，知道問題產生的原因，從而更好去解決問題。

知識要全面，而不僅僅是「半桶水」

專一而全面的學習讓你離成功越來越近。

—— 哈佛勵志箴言

馬克思（Karl Marx）曾經說過：「任何時候也不會滿足，越是讀書，就越是深刻感到不滿足，越感到自己的知識貧乏。科學是奧妙無窮的。」

我想給大家出個謎語：「在一個桶裡裝多少水，搖晃起來的聲音最大？」

謎底就是裝半桶水。

而這也反映出求學的特點：假如一個人認為自己沒有一點學識，那麼他們在求學的時候表現得最虛心；如果求學的人已經滿腹經綸，那麼他們會做到大智若愚，表現出應有的謙虛；只有肚子裡裝了「半桶水」的人，他們自以為掌握了淵博的知識，表現出驕傲自大的樣子，就像裝了半桶水的木桶一樣，搖晃起來能夠發出巨大的聲音。

自以為是的人往往就是最可悲的人，他們肚子裡雖然裝進了「半桶水」，但是這「半桶水」沒有讓他們解決實際的問題，卻讓他們變得目中無人、狂妄自大，比起那些沒有水的人，他們顯得更可悲。

那些肚子裡沒「水」的人或許是一種謙虛態度，或許是真的一無所有，但他們擁有自知之明，會不斷地為自己添「水」，慢慢地，他們肯定會注滿「水」，而他們的謙遜會讓他們裝下更多的「水」，早晚會超過那些裝了「半桶水」的人。

　　一位學者學識非常淵博，他為了能夠領悟到禪學的真諦，走了很多路要去向一位有名的禪師請教。禪師知道他的來意後，在兩個茶杯裡倒滿了茶水，之後坐下來，要為這個學者闡釋佛學的精髓。

　　學者認真地聽著禪師的話語，但是他越聽越覺得禪師講的都是一些書籍上的話語，這些話並不是什麼蘊含深刻哲理的話。他之所以不遠萬里來找這位禪師，就是聽說他有著高深的道行，此刻卻發現這位禪師並沒有什麼厲害的地方，並沒有大家說得那麼神奇，可能只是徒有其名，騙騙那些無知的愚民而已。

　　學者漸漸有些沉不住氣了，他開始顯得心浮氣躁，禪師還在不停地講解著佛理，但是學者卻在一旁插話，而且語氣中還透露不屑。

　　禪師也注意到了學者的態度，但他沒有去指責學者的無禮，他不再講解佛理，隨手拿起身旁的茶壺，給學者的茶杯斟茶，學者的茶杯此時還有八分滿的茶水，禪師沒有把原來的茶水倒出去，卻不停地把茶水倒入學者的茶杯中，茶水就從杯中溢了出來，流得到處都是。

　　學者在一旁看了，忙對大師說：「不要再倒了，茶杯已經滿了，不能再裝水了。」

　　禪師聽了學者的話，慢慢地放下茶壺，他和顏悅色地說道：「你說得對，茶杯已經滿了，假如你不把茶杯中的水倒出去，那麼就再也品嘗不到我給你倒的新茶了。」

　　學者一聽恍然大悟，連連向禪師道歉，希望禪師原諒他剛才的無禮。禪師微笑地點了點頭。後來那位學者也成了一位令人景仰的大禪師。

　　我們都知道學習是永無止境的，因為我們不能學盡所有的知識。所

以這裡所說的「全面」也是有一個限度的。然而越是熱愛學習的人越會痴迷學習，就像馬克思說的那句話一樣，不停地學習，不斷地發現自己的「無知」，然後投入更多精力去學習。

美國石油大王保羅．格帝 (Paul Getty) 曾經就讀於哈佛大學。他說要想成為一名出色的企業家，必須了解多方面的知識，這是取得事業成功的保障。而這些知識包括兩方面：一方面是要懂得專業知識，因為專業知識是我們能夠在無數競爭對手中脫穎而出的必備條件；另一方面是要廣泛涉獵其他知識，因為社會已經發生了變化，各專業分工日益變細，優秀的企業家不斷強化自我，不僅是對企業負責，還是對社會負責，所以也要充分了解其他人文科學方面的知識。

格帝當時就讀於哈佛大學的軍事學院，當時他的學習成績並不突出，他想學習除專業以外的更多東西，如政治學和經濟學。但是當時美國開設的經濟課程都過分關注美國的經濟，設計了一套套理論證明美國經濟政策的優越性；就政治學來講，無論是用到的教材還是講課的導師，都顯得十分盲目，甚至可以說帶有一點幼稚，這使格帝學習其他知識的想法受到了阻礙。

後來，格帝在 1912 年時進入了牛津大學，牛津大學也是一所享譽世界的明星大學，而且學術氛圍更加自由。在牛津大學，學生們可以挑選自己喜歡的課程去學習，這正符合格帝的要求。格帝的成績雖然並沒有過人之處，但是在哈佛大學繼承的傳統還是扎根在了他的腦中。那就是努力向上，永不言敗。後來格帝成了有名的石油大王，擁有了億萬財富。

哈佛已經不知培養出了多少菁英，他們都掌握了豐富的知識，並且

善於運用自己聰明的頭腦，為社會創造了大量的物質財富和精神財富，讓人類共同享受了這些果實。但是，哈佛之所以會擁有耀眼的光環，並不是因為它的傳統和存在的年限，而是一代又一代哈佛人努力打拚的結果。

哈佛小測試

為什麼全世界的井蓋都是圓的呢？

答案

這個問題涉及很多知識，首先，就使用同等材料來加工井蓋而言，圓的面積最大，因此能夠節省成本。其次，就安全性而言，其他形狀的井蓋傾斜後就可能掉到井下去，但圓形井蓋不會。最後，就安裝情況而言，工人可以滾動圓形的井蓋，節省體力，但其他形狀的井蓋無法滾動。

提高學業成績的第一步就是轉換學習態度

心態若改變，態度跟著改變；態度改變，習慣跟著改變；習慣改變，性格跟著改變；性格改變，人生就跟著改變。

—— 亞伯拉罕・馬斯洛（Abraham Harold Maslow）

　　哈佛大學希望每一位學子都可以勇敢地站在舞臺上，讓自己的聲音傳遍全世界，而不是選擇默默無聞地站在臺下，只是聽著別人的聲音，為別人鼓掌喝采。這是一種個性，也是一種態度，想要獲得非凡的人生，必須擁有這種個性，保持這種態度。它能讓我們一直擁有獨立的思想和意識，讓我們不再人云亦云，透過自己獨立學習，去獲取豐富的知識與經驗。

　　對於青少年來說，每一天都是新的開始，所以今天比昨天進步，就是一種勝利。高智商的青少年，懂得改變自己的學習態度，從而獲得更好的學習效果。學習態度包括許多方面：有人謙虛地學習，有人驕傲自負；有人自信地學習，有人經常自卑；有人喜歡獨立學習，有人盲目跟從……不同的態度必然導致不同的學習結果，大家想持怎樣的態度去學習呢？我想每個人都希望做一個好學者、善學者，那麼從現在開始就積極改變你的學習態度吧！

　　除了謙虛、自信和獨立，正確的學習態度還有許多，如積極主動、善於思考、注重實踐等。每一個正確的學習態度都會讓我們在學習時事半功倍，它們像一條條真理，也像一座座燈塔，提醒著我們如何去學習，指引著我們前進的方向。

　　許多去過哈佛的人都注意到了一個現象：在哈佛的教室裡，導師很少會在講臺上滔滔不絕地講解自己的觀點和思想，站在講臺發言的大多都是學生。是哈佛的導師偷懶嗎？當然不是，哈佛的導師都是很優秀的學者和專家，他們每年都會研究許多新課題，不斷豐富和完善各種理論。哈佛的驕傲不僅來自一批批優秀的學子，而且還有來自教授學業的這些思想獨立、精神獨立的學者。那麼是不是這些導師太忙了，無暇顧及學生的學業？其實，哈佛導師的工作量是龐大的，因為他們要批閱和修改學生的許

多課題方案，為了能夠正確地引導學生，而不是阻礙他們，導師在審閱方案時還要不斷學習並思考，真正做到教學相長。哈佛的導師之所以沒有學生「講課」多，是因為他們讓學生養成了正確的學習態度。

　　每一次上課，導師只是簡單地交代明天的作業，當然這些作業並不是書面的，要想完成這些作業，學生們在下課時就要奔向圖書館，在那裡查詢豐富的資料，然後整理、分析、歸納和總結自己的思想，在下一堂課上要發表自己的觀點和主張。導師會在一旁認真聆聽，做關鍵性的指導和啟發。正是這種看起來十分簡單的「教」與「學」，讓哈佛學生養成了正確的學習態度，他們學會了主動、積極、獨立、認真地學習。這種學習態度伴隨著他們一生，讓他們永遠都那麼出色。

　　那麼，如何才能改變自己的學習態度呢？哈佛教授提出了改變學習態度的「三大法則」，現在就讓我們來看一看：

法則一：心懷明天，活在當下

　　很多青少年都希望自己能夠在明天獲得成功，又或者總在擔心明天會失敗，可是這樣的期望與擔憂有什麼用呢？如果你把這些時間用在今天，活在當下，不斷努力獲得更多的知識，不斷學習更多的能力，明天或未來也盡在掌控之中。

法則二：釐清自己的學習方向

　　如果你學習方向不正確，那麼付出再多努力也是無濟於事的。你可以給自己一個大的方向，比如期末考試拿第一名；然後再拆解成無數小的方向，比如提升某一科的成績、攻克某一個知識點、完成某一道難題。這樣循序漸進，只要有方向，就不會迷失。

法則三：養成認真思考的習慣

在學習過程中，遇到一些重點或難點問題，要學會認真思考。這也是對知識的一種深入認識與消化，如果沒有這樣的一個過程，你便很難將知識點突破，並且牢記於心。

哈佛小測試

正確的學習態度和學習方法，可以縮短我們與成功的距離。那麼你是否有正確的學習態度呢？來測試一下吧！

剛開學時，老師在班裡宣布要在本學期舉行一場小型研討會，具體時間老師會另行通知，你聽完之後會怎麼做？

A. 立即尋找一大堆專業資料，為研討會做準備。

B. 沒有任何行動，心想反正開研討會之前老師會再通知，到時再準備。

C. 找老師詢問相關資訊，推測研討會召開的日期，按照一定的計畫準備資料。

結果分析

選擇 A：雖然有學習的熱情和動力，但缺少科學方法，經常會事倍功半。

選擇 B：缺少主動學習的態度，只在別人催促和提醒下才懂得學習。

選擇 C：學習態度良好、學習方法得當，是個善於學習的人。

客觀認識自我的人才能準確判斷自身的價值

　　偉大的人是絕不會濫用他們的優點的，他們看出他們超過別人的地方，並且意識到這一點，然而絕不會因此就不謙虛。他們的過人之處越多，他們越意識到他們的不足。

—— 尚－雅克・盧梭（Jean-Jacques Rousseau）

　　人生的第一件大事就是認識自我，只有認識自我的人才能準確判斷自身的價值，才能找準人生的定位，才知道如何發掘自己的潛能與特長。如果不能很好地認識自我，就無法給自己準確地定位，更無法選擇一個適合自己的舞臺。青少年朋友必須明白，你怎樣給自己定位，就將決定你未來會擁有怎樣的舞臺。

　　哈佛學子都能夠認識自己，都知道自己喜歡什麼，應該如何發掘自己的愛好與特長。他們不會一味地埋頭苦學，而不知道抬頭看路，不知道從各方面提高自己的綜合素養。哈佛大學十分重視學生的綜合素養培育，因此經常舉辦各種課外活動，為學生們提供更多展示自己的機會。其實不只哈佛大學如此，美國的學校都很重視學生的課外能力培養，而不是讓他們「死讀書」。

　　一個美麗的花園裡長滿了蘋果樹、橘子樹、梨樹、橡樹和玫瑰花，這裡真是一個幸福的天堂，每一個鮮活的生命都是那麼生機盎然，它們相依相伴，每天都盡情地享受著大自然的清新、生活的無窮樂趣，滿足地生活在這一方小小的天地之中。

　　可是，在這之前的一段時間裡，花園裡的情形卻不是這樣，有一棵小橡樹愁容滿面。可愛的小傢伙一直被一個問題困擾著，它不知道自己

是誰。大家眾說紛紜，更加讓它困惑不已。蘋果樹認為它不夠專心：「如果你真的盡力了，一定會結出美麗的蘋果，你看多容易。你還是需要更加努力。」小橡樹聽了它的話，心想，我已經很努力了，而且比你們想像的還要努力，可就是不行。想著想著，它就越發傷心。玫瑰說：「別聽它的，開出玫瑰花來才更容易，你看多漂亮。」失望的小橡樹看著嬌嫩欲滴的玫瑰花，也想和它一樣，但是它越想和別人一樣，就越覺得自己失敗。

　　一天，鳥中的智者鵰來到了花園，看到花和樹都開開心心的，唯獨可愛的小橡樹在一旁悶悶不樂，便上前打聽，聽了小橡樹的困惑後，牠說：「你的問題並不嚴重，地球上許多人都面臨著同樣的問題，我來告訴你怎麼辦。你不要把生命浪費在去變成別人希望你成為的樣子，你就是你自己，你永遠無法變成別人，更沒有必要變成別人的樣子。你要試著了解你自己，做你自己，要想知道這一點，就要聆聽自己內心的聲音。」說完，鵰就飛走了，留下小橡樹獨自去領悟。小橡樹自言自語道：「做我自己，了解我自己？傾聽自己的內在聲音？」

　　突然，小橡樹茅塞頓開，它閉上眼睛，敞開心扉，終於聽到了自己內心的聲音：「你永遠都結不出蘋果，因為你不是蘋果樹；你也不會每年春天都開花，因為你不是玫瑰。你是一棵橡樹，你的命運就是要長得高大挺拔，給鳥兒們棲息，給遊人們遮陽，創造美麗的環境。你有你的使命，去完成它吧！」

　　小橡樹頓時覺得渾身上下充滿了自信和力量，它開始為實現自己的目標而努力，很快它就長成了一棵大橡樹，贏得了大家的尊重。這時，花園裡才真正實現了每一個生命都快樂。

　　對於一個人的事業而言，最大的危機就是業不精專，沒有一項自己的特長。根據調查，人們還發現這樣一個非常有趣的現象：現代教育培養起來的工商管理碩士往往更執著於自己的方法，發展專長的範圍雖然有限，但十分精專；而自行創業的人比較喜歡凡事一把抓，以至於所學無法精專。沒有人限制他們在某一專業領域發展所長，他們也認為沒有必要總把自己局限在那裡。他們常常慶幸能有較多的發展機會，而這些恰恰正是造成他們失敗的最主要因素。但更為可怕的是，這些多才多能的人，往往認識不到自己之所以失敗的真正原因。

　　我們每一個人都是獨一無二的，如果我們要獨立自主，想發展自己的特長，只有靠自己。但這並不表示我們一定要標新立異，並不是說我們要奇裝異服或是舉止怪誕。事實上，只要我們在遵守團體規則的前提下保持自我本色，不人云亦云，不亦步亦趨，就會成為我們自己。保持自我本色這一問題，與人類歷史一樣久遠了。詹姆士・戈登・基爾凱醫生指出：「這是全人類的問題。很多精神、神經及心理方面的問題，其潛藏病因往往是他們不能保持自我。」安吉羅・派屈寫過 13 本書，還在報紙上發表了幾千篇有關兒童訓練的文章，他說：「一個人最糟的是不能成為自己，並且在身體與心靈中保持自我。」

哈佛小測試

　　你的大腦理性多一點還是感性多一點？

　　好友花了 380 元買了件漂亮的連衣裙，問你怎麼樣。你發現這裙子同事也買了條一模一樣的，花了 260 元，你會怎麼回答好友？

A. 雖然知道她可能買貴了，但考慮到她的心情說：「很好啊！穿起來很漂亮很適合你！」

B. 告訴她真相，下次才不會吃虧：「你買貴了，我同事買了條和你一模一樣的才花了 260 塊呢！」

結果分析

選擇 A：你是個偏重感性思維的人。你注重現實，樂於行動而不願做過多思考；生活對你來說很簡單，你不願將自己局限在現成框架裡，而寧願根據自己的感覺做決定，有時甚至明知道利益會有所損失，也會執著地按照自己的喜好去做。

選擇 B：你是個偏重理性思維的人。你對觀念、抽象事物、哲學問題感興趣，以求知、鑽研為目的，富於思考和內省；理性的你很少將感情和工作混在一起，這對你事業的發展是很有好處的，但也因為有時顯得太實事求是而忽略了朋友、家人的心情，讓他們難受的同時你也感到很苦惱。

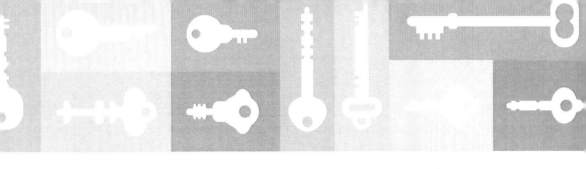

第五章
I believe, I can：
用自信主宰命運

一個人如果缺乏自信，就很容易因為一次失敗而悲觀失望，甚至裹足不前；而一個充滿自信的人，他會不斷地嘗試、不斷地前進，沒有到達目的地，就永遠不會停下來。

自信是成功的第一祕訣

自信是成功的第一祕訣。

—— 愛默生

哈佛的教授告訴學生們：每個人自身都有一座金庫，而自信是開啟金庫大門的鑰匙！自信者喜歡嘗試，喜歡不斷地嘗試。缺乏自信的人通常只會試一次，一旦失敗，就輕言放棄，裹足不前。但傑出人士為了實現夢想，他們往往要試許多次，走過許多條路，並堅定地依目標前行，不達目的誓不罷休。

哈佛的學子始終堅持這樣的原則：一個人做好任何工作的前提是要有自信心，堅定的自信是一束陽光，它會照亮人的奮鬥之路。許多偉大人物最明顯的成功代表，就是他們具有堅定的自信心。對於青少年而言，在內心樹立起自信，用自信刺激自己內在的勇氣和雄心，是他們邁向成功人生的第一步。

羅納德從哈佛畢業以後，便自己創辦了一家公司。經過幾年的打拚，他的公司迅速壯大，年營業額超過 100 萬美元。可是羅納德不滿足於已有的成就，他決定讓自己的公司上市，以便籌集資金做大事。

當時申請成立股份公司比較容易，難的是在華爾街找一家有實力的股票承銷商，這些股票承銷商往往對實力普通的小公司不屑一顧。當羅納德辦妥成立股份公司的一切法律手續後，才發現找不到一家證券商願意承銷他的股票，羅納德頓時陷入進退兩難的境地。一般人到了這種地步，大概早就放棄了，但羅納德卻沒有將事情做到半路就收場的習慣。他想，難道我非得依賴那些討厭的證券商嗎？他們不肯幫我發行股票，

我就自己推銷。他說做就做，邀集朋友們到處散發印有招股說明書的傳單。

在華爾街的歷史上，不要承銷商而自行發行股票，是破天荒的第一次，行家們都斷言羅納德必然以笑話收場。羅納德決心跟華爾街的傳統觀念賭一把，並且有信心成為贏家。他和他那些熱心腸的朋友，從一個城市到另一個城市，使勁地推銷股票。結果呢，他真的成了贏家。他的離經叛道之舉在社會上引起了很大的轟動，人們抱著或敬佩，或讚賞，或好奇，或嘗試的心理，踴躍購買他的股票，短時間內便賣出 40 萬股，籌得了 100 萬美元。

獲得資金後，羅納德如虎添翼。他以小魚吃大魚的方式，在股市做了一系列漂亮的投資運作，奇蹟般地兼併了多家大公司。幾年後，他掌控的資金超過 10 億美元，創造了一個現代股市神話。

世界上所有偉大的事業，都不是輕而易舉就能成功的，要想成就一番事業，必須學會從常規之外尋找新路。普通人之所以不能成功，並非因為他們缺少機遇和能力。他們缺少的只是信心，他們不敢相信憑自己能創造出別人做不到的奇蹟。所以，他們不敢去嘗試打破常規，遇到難關就容易放棄。

其實，只要你相信可以達到目標，你的信心與態度就能使你產生無窮的力量，而最終實現你想要的目標。相信自己，做自己的主人，信心可以使一個人戰勝他認為可以戰勝的東西。有位作家說過：「我從未看到哪個充滿自信，肯定自我能力，並朝著自己的目標全力以赴、勇往直前的人最後無法取得成功。」

有這樣一個懦夫，他想擺脫自己軟弱的個性，讓自己變得勇敢起

來，就報名參加了「殺獸」學校。這所學校專門培養人的能力和膽量，使人勇於拿起劍去殺死吞食少女的怪獸。校長是有名的魔術師格爾。

格爾對懦夫說：「你不必擔心，我給你一把魔劍，此劍魔力無邊，可以對付各種凶殘的怪獸。」培訓中這位懦夫使用魔劍殺死了很多頭模擬的怪獸。結業考試時，他將面對真的吞食少女的怪獸了。不料衝到山洞口，怪獸伸出頭露出猙獰面目時，他抽出劍後發現拿錯了劍，魔劍丟在了學校，手中的劍只是平日玩時用的。這時已無路可退，那樣只會被怪獸吞食。他揮動那把普通的劍，居然殺死了怪獸。格爾校長會心地笑了，他說：「我想你現在已經知道了沒有一把劍是魔劍，唯一的魔術在於相信自己。」

這個故事告訴我們一個道理：其實每個人心中都有一把魔劍，只要你相信自己，就能創造奇蹟！生活中，我們難免會有畏難和退縮的時候，在巨大的困難和壓力之下，我們常常會揹上沉重的心理包袱，甚至會因此而喪失自信，這個時候你就要勇敢地站出來，面對困難，相信自己的能力，這樣，困難就不會成為你成功的障礙。

所以，畢業於哈佛大學的著名作家愛默生說：「自信是成功的第一祕訣，自信是英雄主義的本質。」

哈佛小測試

從衣服款式看你的自信心：又到了該換季的時候了，該把衣櫥整理整理囉。整理了半天，你發現你衣櫥中什麼款式的衣服最多呢？

A. 最新流行服飾。

B. 顏色鮮豔或是款式誇張華麗的服飾。

C. 寬大的襯衫或 T 恤。

D. 單色款式簡單的服飾。

結果分析

選擇 A：你是那種外表自信，可是內在卻很心虛的那種人。你非常害怕別人會看出你內在信心不足，所以在不知不覺中，會隨著社會所認同的價值而隨波逐流，但是往往又不能完全理解其中的道理。看來你要再用點功，多做點人際功課吧！

選擇 B：雖然你看起來有旺盛的表現欲望，可是事實卻不然，這樣的包裝，只是你用來掩飾你內心不安的武器。其實你是有點神經質的人，一點事就可能有應激的反應出現，所以在外表上，你必須裝得毫不在乎，這樣才能讓你有安全感！

選擇 C：表面上看起來，你好像是一個很好說話的人，其實最固執的人就是你了。一旦發起牛脾氣來，任誰也拗不過你。害羞、冷漠是你用來掩飾害怕和人群接觸的自然反應！

選擇 D：你是一個有自信的人，雖然你的態度並不咄咄逼人，可是只要你堅持一個想法，無論別人如何唆使、引誘，你都不為所動。不過這不代表你是剛愎自用的，相反，你很喜歡聽到別人對你的建議！

不甘平庸，永遠都要坐在前排

> 深窺自己的心，而後發覺一切的奇蹟在你自己。
>
> —— 培根（Francis Bacon）

一位著名的哈佛教授曾經說過：「一個優秀的人才，他的自信力，恆久不衰。假使我們原先是一塊金子，最後也會因為缺乏永恆的自信，而甘心變為一粒沙子。意思是，我們原本是優秀的，只不過，是我們缺乏自信心，一步步把我們從優秀的高位上拉下來，一直拉到了平庸的位置上。」自甘平庸，是人生的一場災難，也是人生的悲劇。只是，更多的時候，是我們自導自演了這場災難和悲劇。

在現實生活中，很多青少年只會安於現狀，甘於平庸，整天渾渾噩噩地度日，總覺得那些大事業、大成功跟自己太遙遠，自己無非就是一個小人物罷了，沒有遠大的目標，更不知道活著為了什麼。有的人在上小學的時候，是班裡的佼佼者，覺得第一名非自己莫屬；升到國中後，人多了，覺得自己能考個前十名就不錯了，於是一旦考到前十名，便沾沾自喜；高中以後，定的目標更低，即便考試稍有出入，也會安慰自己道：高手這麼多，已經很不錯了。就這樣，他一步步從優秀走向了平庸。

約翰·甘迺迪（John F. Kennedy）畢業於哈佛大學，身為美國第35任總統，他不僅年輕英俊，而且極富個人魅力，言談舉止風趣有活力，即使在局勢動亂的年頭也給美國民眾帶來了極大的希望和勇氣。人們稱他是美國歷史上最有魅力的總統。甘迺迪曾對家族中另一位成員說過這麼一句幽默的話：「在我看來，我除了當總統，別的什麼也做不了！」這正是甘迺迪王者一樣的自信的展現。

作為青少年朋友，自然應當勇於追求自己的夢想，活得轟轟烈烈的；更應該像甘迺迪一樣，擁有王者的自信心，並且不甘於平庸。

這是一個發生在軍營裡的故事，年輕的布倫特和戰友們一起訓練、一起生活、一起挨罵、一起受表揚，但他的內心似乎有著更為強烈的想法：他不甘平庸，要當精兵。

這樣的想法很多人在剛入伍時都曾有過，不過隨著時間的推移，一直在堅持的人漸漸少了。在日復一日的訓練和生活中，許多人都失去了當初的熱情與興致，變得保守而平庸。但對布倫特而言，他的奮鬥永遠沒有終點。布倫特常說：「在軍營這個火熱的環境裡，我能學到很多東西。適應環境的最好方法就是積極地改變自己。我想改變，也努力地去做了，所以我實現了目標。」

在平淡的日子裡，布倫特不停地努力著，從不間斷地堅持著，也一天天發生著細微的變化。不到半年時間，他的訓練成績從最初的中等水準逐漸上升到了連隊的上游。由於表現突出，他被推薦到教導隊參加預提指揮士官集訓。在他人看來如同魔鬼訓練營一般的教導隊，布倫特找到了屬於自己的空間。他越發感受到了自身的價值，心中的自信心也變得越來越強烈。障礙、戰術、射擊……他的訓練成績無一例外都是第一。

布倫特的心裡十分清楚自己要做什麼，他很自信地對戰友們說：「我的目標就是當一名優秀的士兵，做一名兵王。」

林肯總統說過：「噴泉的高度不會超過它的源頭，一個人的事業也是一樣，他的成就不會超過自己的信念。」如果你想取得傲人的成就，就不能甘於平庸，而要在內心樹立起王者一樣的自信，拋棄那些無所作為、

甘居下游的想法，充滿信心地去施展自己的才華。

　　瑪格麗特（Margaret Hilda Thatcher）出生在英國一座普通的小城裡，她有一位十分嚴厲的父親。平日裡，父親經常教導她，無論做什麼事情都要力爭一流，永遠走在別人前頭，而不能落後於人。「即使是坐公共汽車，你也要永遠坐在前排。」

　　父親從來不允許她說「我不能」或者「太難了」之類的話。父親的這種近乎殘酷的教育理念，培養出了瑪格麗特積極向上的決心和信心。在以後的學習、生活或工作中，她時時牢記父親的教導，總是抱著一往無前的精神和必勝的信念，儘自己最大的努力克服一切困難，做好每一件事情，事事必爭一流，以自己的行動實踐著「永遠坐在前排」的誓言。

　　瑪格麗特上大學時，學校要求學 5 年的拉丁文課程，她憑著自己頑強的毅力和打拚精神，僅在一年之內便修完了。令人難以置信的是，她的考試成績竟然名列前茅。瑪格麗特不光學業優秀，她在體育、音樂、演講等方面也都出類拔萃。當年她所在學校的校長評價她說：「她無疑是我們建校以來最優秀的學生，她總是雄心勃勃，每件事情都做得很出色。」

　　正是在這種「永遠都要坐在前排」精神的刺激下，40 多年以後，瑪格麗特成為英國乃至整個歐洲政壇上一顆耀眼的明星。她連續 4 年當選保守黨領袖，並於 1979 年成為英國第一位女首相，她雄踞政壇長達 11 年之久，被世界政壇譽為「鐵娘子」。

　　「永遠都要坐在前排」是一種積極的人生態度，也是一種不甘於平庸的、王者一樣的自信，它可以刺激你積極進取的精神，促使你努力把夢想變成現實。

哈佛小測試

假設排列著 100 個乒乓球，有兩個人輪流拿球裝入口袋，能拿到第 100 個乒乓球的人為勝利者。條件是：每次拿球者至少要拿 1 個，但最多不能超過 5 個。如果你是最先拿球的人，你該拿幾個？以後怎麼拿能保證你得到第 100 個乒乓球？

答案

先拿 4 個，還剩 96 個。96 是 6 的 16 倍，由於最多可以拿 5 個，最少必須拿 1 個，所以無論第二個人以後拿幾個，你接著拿的數量必須跟他的加起來等於 6。這樣每次你拿完後，剩下的數都是 6 的倍數。等到最後 6 個時，無論第二個人拿幾個都是你贏。

你是一座擁有潛能的寶藏

有信心的人，可以化渺小為偉大，化平庸為神奇。

—— 蕭伯納（George Bernard Shaw）

曾經的哈佛學子愛默生說過：「蘊藏於人身上的潛力是無盡的。他能勝任什麼事情，別人無法知曉，若不動手嘗試，他對自己的這種能力就一直蒙昧不察。」他為此強調說：「一個人應當更多地發現和觀察自己心靈深處那一閃即逝的火花，不只限於仰視詩人、聖者領空裡的光芒。」所

以無論成績優異的學生，還是成績普通的學生，只要你相信自己，相信自己有巨大的潛能，你就成功了一半。

　　哈佛心理學所提供的客觀資料讓我們驚詫地發現，絕大部分正常人只運用了自身潛藏能力的 10%。可以這麼說，每個人都有一座「潛能金礦」等待被挖掘。正如著名的蘇聯學者兼作家伊凡・業夫里莫夫所說：「一旦科學的發展能夠更深入了解腦的構造和功能，人類將會為儲存在腦內的巨大能力所震驚。人類平常只發揮了極小部分的大腦功能，如果人類能夠發揮一半大腦功能，將輕易地學會 40 種語言，背誦整本百科全書，拿 12 個博士學位。」

　　這種描述並不誇張，而是一般人所接受的觀點。一個人的潛能不僅僅表現在大腦上，人的體力也存在著驚人的潛能。

　　多年以前，英國一個位於野外的軍用飛機場上，一位名叫霍克的飛行員正在專心致志地用自來水槍清洗戰鬥機。突然，他感到有人用手拍了一下他的後背。回頭一看，他嚇得大叫一聲，拍他的哪裡是人，而是一隻碩大的黑熊！牠正舉著兩隻前爪站在他的背後。霍克急中生智，迅速把自來水槍轉向黑熊。

　　也許是用力太猛，在這萬分緊急的時刻，自來水槍竟從手上滑了下來，而黑熊已朝他撲了過去……他閉上雙眼，用盡吃奶的力氣縱身一躍，跳上了機翼，然後大聲呼救。警戒哨裡的哨兵聽見了呼救聲，急忙持著衝鋒槍跑了出來。兩分鐘後，黑熊被擊斃了。

　　事後，許多人都大惑不解：機翼離地面最起碼有 2.5 公尺的高度，霍克在沒有助跑的情況下居然跳了上去，這可能嗎？如果真是這樣，霍克不必再當飛行員了，而應該當一名跳高運動員，去創造世界紀錄。然而，事實確實如此。

不過後來霍克做了無數次試驗，再也沒能跳上機翼。人們越來越懷疑此事的真實性。

一位研究人體潛能的專家說：「此事完全有可能發生。人在遇到危急情況時，體內會分泌一種奇異的激素，此激素能刺激出人體所潛藏的超常能力。情況越危急，潛能越易發揮，而在平常情況下，潛能皆處於沉寂狀態。」

可以這麼說，每個人的潛能就像海洋一樣無邊無際，它需要你不斷去挖掘。只要相信自己，你就可以透過潛能來獲得所需要的一切東西，一旦喚醒潛在的巨大力量，我們的生活就會出現奇蹟。

1796 年的一天，在哈佛大學的一幢教學樓裡，19 歲的西德尼剛吃完晚飯，就開始做導師單獨交代給自己的每天例行的三道數學題。西德尼很快就把前面兩道題做完了，這時，他看到了第三道題：要求只用圓規和一把沒有刻度的直尺，畫出一個正 17 邊形。西德尼感到非常吃力，時間很快就過去了，還是沒有一點進展。西德尼絞盡腦汁，但是，他發現自己學過的所有數學知識似乎都不能解答這道題。這反而激起了西德尼的鬥志，他下決心：我一定要把它做出來！他拿起了圓規和直尺，一邊思考一邊在紙上畫著，嘗試著用一些常規的思路去找出答案。

時間就這樣一點一滴地過去了。直到天亮的時候，西德尼才長舒了一口氣，自己終於解答了這道難題。見到導師，西德尼有點內疚：「您給我交代的第三道題，我竟然做了整整一個通宵，我辜負了您對我的栽培……」導師接過了作業，當即驚住了，他用顫抖的聲音對西德尼說：「這是你自己做出來的嗎？」西德尼有點疑惑：「是我做的，但是，我花了整整一個通宵。」導師激動地說：「你知不知道，你解開了一道兩千多年歷史的數學題，阿基米德（Archimedes）沒有解決，牛頓（Isaac Newton）

沒有解決，你竟然一個晚上就做出來了，你才是真正的天才！」原來，導師誤把這道難題交給了西德尼，每次西德尼回憶起這一幕時，總是說：「如果有人告訴我，這是一道兩千多年歷史的數學難題，我可能永遠也沒有信心將它解出來。」

　　哈佛的學子明白，每個人都擁有一座潛能的寶藏，都擁有自己的價值，在內心深處潛藏著巨大的潛在力量，它一直在等待我們去挖掘。這種價值一旦被發現了，將給我們帶來無窮的信心和能量。許多人不明白自己的價值所在，也不知道自己到底具有多大的潛能，所以，誰也不知道自己到底會有多麼偉大。相信自己，多給自己一份肯定，這樣，你才會成功地挖掘出自己的潛在價值，從而使自己變得更加優秀。

哈佛小測試

　　看看你的潛力和缺點。

　　假設你正準備離開目前的工作環境，另尋一個理想的新工作，當你打開報紙求職欄上刊登的廣告時，哪一種工作會較吸引現在的你，讓你躍躍欲試？

　　A. 電視、電臺播報記者。

　　B. 服飾採購的個人代購。

　　C. 服裝、室內設計師。

　　D. 文字編輯。

　　E. 服飾店店員。

結果分析

選擇 A：你是個十分活潑好動的人，喜歡讓人對你行注目禮，無論發生大至國家大事，小至雞毛蒜皮小事，只要你覺得有趣，你都會以你「獨特」的方式宣揚出去。在別人眼中你是個保不住祕密的人，也就是人稱的「大嘴巴」，因此你要知道的是，不是每件事都能開誠布公地讓大家都知道，不然你就會落得不好的名聲哦。

選擇 B：你是個「花蝴蝶」，身旁不乏異性的追求，也很得意目前的狀況。你很崇尚名牌，對於現在流行什麼，你都能瞭如指掌地掌握著。辦事速度快的你，可說是一個很適合悠遊於世界各地的購物高手中的高手。

選擇 C：你是個很重視表面功夫的人，對於事物你總是有著獨樹一幟的看法，這樣的你常是朋友話題中的熱門人物。常常因為感受到什麼，而衝動地去改變你的房間、裝扮，甚至於你的家人的穿著打扮你都要管。愛面子一族的你，因為如此常讓人覺得你很勢利，這樣子是不好的哦。

選擇 D：其實你很適合擔任情報人員，你對世界上的任何事物都擁有著強烈的好奇心，喜歡將你所聽到、收集到的各項資料彙總後提供給他人。目前安定的你，很喜歡別人對你的稱讚，讓人感受你不同時段的蛻變。

選擇 E：你很像鄰家女孩，個性十分樂觀又惹人喜愛，人際關係良好的你，無論面對的是正面、負面的評價及壓力，你總是能迎刃而解。但是在忙著應付複雜的人際關係的同時，別忘了，該完成的事，還是要完成哦。

除了自己，沒人能否定你

先相信自己，然後別人才會相信你。

—— 羅曼・羅蘭

哈佛大學拉德克利夫女子學院的海倫凱勒（Helen Adams Keller）說：「對於凌駕於命運之上的人來說，信心是命運的主宰。」自信是一種心境，有信心的人不會消極沮喪。每次碰到問題，都會把問題當成人生中的挑戰，一次給自己修煉能力的機會，一次給自己提升的轉機。你確定要去完成的事情，就沒有人能夠否定你，最重要的是你不能否定自己。

如果一個人過多地否定自己，就會產生自我貶低的情緒體驗，這就是所謂的自卑。長期被自卑情緒籠罩的人，一方面感到自己處處不如別人，一方面又害怕別人瞧不起自己，逐漸形成了敏感多疑、膽小孤僻等不良的個性特徵。自卑使他們不敢主動與人交往，不敢在公共場合發言，消極應付工作和學習，不思進取。

人們常說「有長必有短，有明必有暗」，每一個事物、每一個人都有其優勢，都有其存在的價值。一個人如果陷入了自卑的泥潭，他能找到一萬個理由說自己為何不如別人。比如：我個子矮、我長得黑、我眼睛小、我不苗條、我嘴大、我有口音、我汗毛太多、我父母沒地位、我學歷太低、我職務不高、我受過處分、我有病等。由於自卑而焦慮，於是注意力分散了，從而阻礙了自己的成功，導致失敗，這就是自卑者自己製造的惡性循環。其實，人人都有自卑的一面。而在通往成功的路上，只有戰勝自卑，才能成為一個自信的成功者。

有位女孩有一副美麗動聽的歌喉，但卻長著一口暴牙，她在人前唱

歌的時候總會因為暴牙而自卑。有一次，她參加歌唱比賽。上臺後，她只顧掩飾難看的牙齒，自然沒有唱好，反而讓觀眾和評審感到好笑，結果她失敗了。但是有位評審認為她的音樂潛質極佳，便到後臺找她，很認真地告訴她：「你肯定能成功，但必須忘掉你的牙齒。」

在「伯樂」的鼓勵和幫助下，女孩慢慢地走出了暴牙的陰影。後來，她在一次全國性大賽中，以極富個性化的表演和歌唱傾倒了觀眾和評審，脫穎而出。

她就是卡絲・黛莉，美國一位著名的歌唱家。她的暴牙與她的名字一樣有名，歌迷們還說她的牙很漂亮呢！

哈佛大學的教授總是教導學生，要學會展示你的自信，知道如何用自信打扮自己的人才懂得如何經營自己的人生。人生最大的失敗是被自己打敗，如果你自己不承認失敗、不否定自己，那就永遠沒有失敗。

在競爭相對激烈的現代社會裡，對自己的懷疑、對未來的膽怯是社會上很常見的現象。有很多人由於懷疑自己能力不行，而放棄去找一個好的工作。其實，這就是一種膽怯，一種退縮。無論競爭多麼激烈，形勢多麼嚴峻，永遠也不要否定自己，不要懷疑自己。一個人的潛能是巨大的，這種潛能在遇到坎坷時，可能會被發揮到極致，只要自己有足夠的信心，勝利就會屬於自己。

人生就如一條蜿蜒曲折的道路，只有充滿自信的人才能最終到達目的地；懷疑自己、否定自己的人只能為自己釀造失敗的苦酒。因為成功永遠不可能屬於膽小的人，只有披荊斬棘、乘風破浪的人才能達到成功的彼岸。人生中，有不計其數的機遇在等著你，有信心的人能抓住機遇，獲得成功。相反，懷疑自己、否定自己的人就只能眼睜睜地看著失

去機遇。在失敗時，妄自菲薄只能使自己更加消沉，我們要學會分析原因，找出問題所在。前面的路雖然還很漫長，但只要我們對自己充滿信心，一定會寫下絢爛的人生篇章。

古希臘有一位雄辯家名叫狄摩西尼（Demosthenes），在他小的時候聲音微弱，口吃嚴重，他非常希望自己長大後能成為一名著名的雄辯家，可是，別人卻取笑他，說他是異想天開。狄摩西尼全然不顧別人對他的議論與看法，為了使聲音變得洪亮有力，他站在海邊，大聲喊叫；為了增大肺活量，他跑步登山；為了使舌頭靈活，他口含小石子練習朗讀；為了實現自己的理想，他在鏡子前，反覆練習演講時的動作和姿勢……終於，在一次辯論大會上，狄摩西尼取得了極大的成功，成為當時最有名的雄辯家之一。如果狄摩西尼當初在意別人對他的嘲笑諷刺，而否定自己的潛能，那麼他今天又會有何作為呢？因為他能沉住氣，相信自己，對自己充滿希望，所以他才會獲得成功。

否定自己的人，總是感到沮喪、頹廢，認為自己不完美，因而變得自卑，這種心態，會使你永遠遠離成功。所以，請你記住，永遠也不要否定你自己，因為，你才是你命運的主宰，你有你自己特有的優勢！

哈佛小測試

自畫像幫你認識自己：在公園看到許多畫家幫人畫自畫像，你心血來潮也想過過做模特兒的癮，你會選擇哪一類型的自畫像？

A. 水彩畫或油畫。

B. 鉛筆素描畫。

C. 俏皮逗趣的漫畫。

D. 毛筆水墨畫。

結果分析

選擇 A：你看起來頗嚴肅，好像是那種過著一成不變生活的修行者，其實你是自有一套獨特的生活哲學而已。有時朋友或同學們會驚訝於你突然發作的幽默與搞笑，但是只要碰到與你對路的人，你也會是一個健談、樂於與人分享的人。

選擇 B：平常的你是好好學生的模樣，但其實你的個性上是偏向固執與保守的，只是你平常在與朋友或同學互動時，比較不那麼堅持，但在某些事情上又會變得比較固執保守，甚至到了令人難以理解的地步。

選擇 C：你是個百分百悶騷的人，在長輩面前，總是一副正經八百的樣子，一副乖乖牌的形象。其實在同學或朋友之間可是大家的開心果，有什麼康樂或聯誼的活動其幕後的推手大多都是你，因此你外在的形象與內在的個性，簡直是判若兩人。如果有一天跟你不熟的人看到你的本性時，肯定會大吃一驚的。

選擇 D：你給大家的感覺就像陽光一般，似乎沒有什麼煩惱，一直都很快樂的樣子。不過了解你的人都知道，其實你不是那種會將心事掛在嘴邊或表現在臉上的人，私底下的你，是會想很多且對別人的看法相當在意的人，所以你會覺得自己的人格快分裂了。

自我暗示，可讓你絕處逢生

只要有一種無窮的自信充滿了心靈，再憑著堅強的意志和獨立不羈的才智，總有一天會成功的。

—— 莫泊桑（Guy de Maupassant）

哈佛大學有著優良的學術傳統，這個校園中先後走出過羅斯福（Franklin D. Roosevelt）、甘迺迪、小布希（George Walker Bush）、歐巴馬（Barack Obama）等 8 任美國總統，33 名諾貝爾獎得主和 32 名普立茲獎得主。但相比學術上的人才濟濟，沒有體育血統的哈佛大學在籃球上特別「落魄」。為了改變這一狀況，哈佛大學的籃球隊教練做了一個試驗，他把水準相當的隊員分為三組，告訴第一組停止練習自由投籃一個月；第二組在一個月中每天下午在體育館練習一小時；第三組在一個月中每天在自己的想像中練習一小時投籃。

結果，第一組由於一個月沒有練習，投籃平均水準由 39％降到 37％；第二組由於在體育館堅持練習，平均水準由 39％上升到 41％；第三組在想像中練習的隊員由 39％上升到 42.5％。這真是很奇怪！在想像中練習投籃怎麼能比在體育館裡練習提高得快呢？原來，當隊員們在想像中投籃時，他們投出的球都是中的！這便是心理暗示的結果。

自我暗示的作用是強大的，有時它會使人絕處逢生，有時又會使人功敗垂成。因為人是十分情緒化的動物，常常受情緒的影響，而善於控制自己的情緒，不讓消極的力量占主導地位，這關係到一個人的人生走向。所以，當你想要打退堂鼓的時候，不妨挺起腰板，對自己說，我可以做得更好。

　　斯派克是哈佛大學心理學系的學生，他利用假期給自己找了一份兼職，去照顧獨居的卡羅琳太太，並幫她做一些家務。斯派克為人熱誠，做事認真負責，深得老太太的信賴。

　　有一天晚上，老太太敲響了斯派克的門：「斯派克，很抱歉這麼晚來打擾你。我的安眠藥吃完了，怎麼也睡不著覺，不知道你身邊有沒有？」

　　斯派克睡眠很好，從來就不吃安眠藥，突然他靈機一動，就對老太太說：「上星期我朋友從法國回來，剛好送我一盒新出的特效安眠藥，我這就找出來。您先回去，我一會兒給您送過去。」

　　老太太走後，斯派克找出一粒維他命，然後送到了卡羅琳太太的房間，告訴她：「這就是那種新出的特效藥，您吃了之後一定能睡個好覺。」

　　老太太高興地服下了那粒「特效安眠藥」。

　　第二天吃早餐的時候，她對斯派克說：「你的安眠藥效果極好了，我昨晚吃完很快就睡著了，而且睡得很好，好久都沒有這麼舒服地睡覺了。那種安眠藥你能不能再給我一些？」

　　斯派克只好繼續讓老太太服用維他命，直到服完一整盒。事情過去一年多之後，老太太還時常唸叨斯派克給她的「特效安眠藥」。

　　斯派克用一粒維他命就讓老太太進入了夢鄉，這其實就是心理暗示的作用，由於老太太平時對斯派克十分信賴，因此絲毫沒有懷疑斯派克給她的「特效安眠藥」，在強烈的心理暗示的影響下，她產生了服用安眠藥之後才有的效果。

　　莎士比亞（William Shakespeare）說過：「一個人往往因為遇事退縮

的緣故而失去了成功的機會！」退縮的原因就在於存在著不良的自我暗示。因此我們應該有意識地訓練自己進行積極的自我暗示的能力，注意控制並消除一些消極的自我暗示。尤其當遭遇困難和打擊時，我們應該對自己說：我很堅強，我不會倒下，我能行，我能做好，我要快樂地生活。總之，我們應該學會積極的心理暗示，這樣的自我暗示力量必將為自己增添戰勝困難的勇氣和信心。

拳王阿里（Muhammad Ali）在每次比賽前都會對著鏡頭喊：「I'm best！」（我是最好的）。「二戰」時，蘇聯一位天才演員 N.H. 畢甫佐夫，平時老是口吃，但是當他演出時克服了這個缺陷。所用的辦法就是利用積極的自我暗示，暗示自己在舞臺上講話和做動作的不是他，而完全是另一個人──劇中的角色，這個人是不口吃的。

哈佛的心理學家曾經說過：「我們的神經系統是很『愚蠢』的，你用肉眼看到一件喜悅的事，它會做出喜悅的反應；看到憂愁的事，它會做出憂愁的反應。」所以，青少年朋友做任何事之前，都要確信自己一定能成功，並有意識地找些事情來做，失敗了就想下一次能成功；成功了就對自己說：「看，我多棒，再接再厲，下次我一定會做得更好。」

哈佛小測試

你有兩個罐子，每個罐子各有若干紅色彈球和藍色彈球，兩個罐子共有 50 個紅色彈球，50 個藍色彈球，隨機選出一個罐子，並從中選取出一個彈球，要使取出的球是紅球的機率最大，一開始兩個罐子應放幾個紅球，幾個藍球？在你的計畫中，得到紅球的準確機率是多少？

答案

　　一個罐子放 1 個紅球，一個罐子放 49 個紅球和 50 個藍球，這樣得到紅球的機率接近 3/4。

發現你的優點，並利用它

能夠使我漂浮於人生的泥沼中而不致陷汙的，是我的信心。

—— 但丁（Dante Alighieri）

　　哈佛的教授說過：「把你的優點寫下來，好讓自己從黎明前的黑暗中看到一絲曙光，因為一個人只能從自己的優點而不是自己的缺點上獲得成功。」每一個人都有自己的優點，哪怕是很「小」的優點，關鍵是怎樣認識自己，創造性地發揮自己的優點。

　　有的人天生有一副好嗓子，能唱出優美的歌曲，有的人天生有語言天賦，年紀輕輕便能學會 8 種語言。客觀地講，這些先天的優點是明顯的優勢。可是現實生活中，多數青少年都不知道自己擅長什麼，也不知道自己有什麼優點；相反，他們只知道自己不擅長什麼，並且將自己的弱點無限放大。一個人要有所作為，只能靠發揮自己的長處，如果從事自己不太擅長的工作，那麼想要取得成就將是很困難的事情。

　　19 世紀時，一位青年中學輟學後來到了巴黎，一度混到貧困潦倒的地步。他找到父親的一位朋友，希望他能夠幫自己找一份工作，使自己能在這個大城市中站得住腳。

他們在父親朋友的家裡見了面。寒暄之後，父親的朋友問他：「你有學歷嗎？」他說沒有。父親的朋友問：「你有什麼技術？」他回答沒有。父親的朋友又問：「你能做裝卸的工作嗎？」青年還是不好意思地搖頭，說體力不行。父親的朋友接連發問，青年都只能以搖頭作答，無聲地告訴對方……自己一無所長，連一點優點也找不出來。

父親的朋友似乎顯得很有耐心，他對青年說：「那你先把自己的地址寫下來吧，你是我老朋友的孩子，我總得幫你找一份差事做呀。」

青年的臉漲得通紅，羞愧地寫下了自己的住址，就急忙想轉身逃走，離開這個令自己深感恥辱的地方。可是他卻被父親的朋友一把拉住了手臂，對他說：「年輕人，你的字寫得很漂亮嘛，這就是你的優點啊，你不該只滿足找一份餬口的工作。」

字寫得好也算一個優點？青年疑惑地看著父親的朋友，他很快在老人的眼裡看到了肯定的答案。

告辭之後，青年走在路上就想：既然他說我的字寫得很漂亮，可見我的字真是很漂亮；我的字漂亮，寫文章也是我曾經努力的方向，中學時我的作文還被老師讚賞過，那麼我肯定也能把文章寫得漂亮……受到初步肯定和鼓勵的青年，開始把自己的優點一一羅列出來，並放大。他一邊走一邊想，興奮得腳步都輕鬆起來。

從此，這個青年開始發奮向上，刻苦學習。數年後，他就寫出了一部享譽世界的經典作品。知道嗎？他就是家喻戶曉的法國著名作家大仲馬（Dumas Davy de la Pailleterie）。他的小說《三劍客》（*The Three Muske-teers*）和《基度山恩仇記》（*The Count of Monte Cristo*）流傳至今，已被譽為世界文學史上的經典之作。

有句老話叫「取人之長，補己之短」，意思是學習別人的長處，彌補自己的不足，這句話說得固然正確，我們也應該這樣去做。但是，在發現別人長處的同時，我們也應該學會發現自己的優點。

在哈佛，教授常常對學生說：「人最大的弱點是不能認識自己。」每個人來到世間都有自己的優點，只是有些人一直沒有發現，那麼怎樣才能發現自己的優點呢？首先要注意觀察自己，每一個動作、每一句話、每一個微小的細節，也許在不經意間你會發現身上巨大的優異點；其次可以問問父母、老師、同學、朋友，他們能從側面客觀地觀察你；最後就是要在教訓和失敗中總結自己的不足，認識到自己的不足也就間接地促進了優點的發揮。

當我們發現了自己的優點後就要好好地利用它，將其發揮得淋漓盡致，有了自信，才會對學習更有興趣，對工作充滿信心，對生活充滿希望。

英國有一個小男孩名叫艾金森（Rowan Sebastian Atkinson），因為他長相憨呆，言談、行事迂腐笨拙，常成為同學們的笑柄。他常常把課堂攪成一鍋粥，老師也拿他沒辦法，認為他身上沒有任何優點和發展前途，甚至他的家人也懷疑他不是弱智就是痴呆。艾金森也知道自己身上的缺點很多，但他發現自己的表演才能卻無人能及，他表演的滑稽劇常常逗得老師和同學捧腹大笑。直到有一天一位著名的喜劇導演發現了他，艾金森的表演讓這位導演驚嘆不已，他讚揚艾金森是不可多得的喜劇表演天才，並立即邀請艾金森和他合作。同學們知道艾金森扮演的是誰嗎？也許同學們都看過一部喜劇電影《豆豆先生》（Mr.Bean），其中豆豆先生的扮演者就是艾金森。現在，艾金森的表演已經被多數人所肯定，艾金森也憑藉自身的優點成為世界知名的喜劇表演藝術家。

上面的故事告訴我們，一個人的優點能改變一個人，甚至能改變一個人的一生，所以我們要善於利用自身的優點，把自己的優點發揮得淋漓盡致，這樣你會發現自己並非一事無成。

哈佛小測試

了解自己才能讓自己變得更好更強，那麼你了解自己的優點嗎？缺點或許容易被發現或被別人指出來，而優點經常被忽視。了解自己的優點就可以揚長避短，發揮自己的特長和個人魅力。了解自己的優點就可以讓自己更自信，從而發揮得更好，展現得更好。那麼如何來了解自己的優點呢？不妨來做一個小測試。

下面有六種狀況設定，請從中選擇一種你覺得最無法忍受的：

A. 不遵守約定。

B. 欺善怕惡。

C. 虛偽做作。

D. 欺負小動物。

E. 對老人、小孩不友善。

F. 混黑道。

結果分析

選擇 A：「責任感」必勝：你非常注重人與人之間的信賴關係，會努力遵守約定，答應別人的事也一定會做到，就算發生麻煩也會盡力解

決。這樣的你，當然是大家最欣賞的人。

選擇 B：「耐力」必勝：你是屬於「路遙知馬力」的類型。年紀越大，你的這項優點就越會獲得讚揚。你總是默默地耕耘，把一件明知不可能的任務順利完成，大家都會對你甘拜下風。

選擇 C：「誠實」必勝：誠實、正直是你最大的特色，相對於用謊言來包裝自己，你更希望以真實的自我來獲得週遭的肯定。你那表裡如一的堅持，會讓大家對你的信任感與日俱增。

選擇 D：「正義感」必勝：即使要你犧牲自己，你照樣會義無反顧地選擇仗義執言。因此，你的正義感總是為你帶來許多人的友誼，你那鏟奸除惡的精神更為你贏得眾人的讚賞與信賴。

選擇 E：「同情心」必勝：你的同情心非常旺盛，看到需要幫助的人和事，就會忍不住想要貢獻自己的力量。拜你所賜，許多人都是因你而獲得無上的快樂，這個社會也因你而變得更祥和。

選擇 F：「同理心」必勝：你總是可以設身處地為周圍的人著想，你的協調性、自我約束能力都很強。跟你相處，大家總是可以無後顧之憂，你的善解人意更讓人時時刻刻都想親近你。

即使是缺陷，也能化「短」為「長」

除了人格以外，人生最大的損失，莫過於失掉自信心了。

—— 培爾辛

　　哈佛告誡青少年朋友，不論自認為有多少缺點和不足，做了多少傻事、壞事或蠢事，從現在起，都停止對自己的挑剔和責備，要學習為自己辯護，維護生命的尊嚴和價值。如果一個人能夠正視並且接納自己的缺點，那就意味著他不但正確地認識到了自身的局限性，同時也停止了對自己的不滿和批判。這可以使我們不把時間浪費在自責和沮喪上，而是集中精力去發掘自己的優勢，或者增強自身的能力，這樣就可以少走彎路。

　　在這個世界上，完美也是一件可怕的事，如果你每做一件事都要求完美無缺，便會因心理負擔的增加而不快樂，要知道，人生的各種不幸皆由追求完美而導致。當一個人要求別人善待他時，缺點便顯露無遺。完美是一座心中的寶塔，你可以在心中嚮往它、塑造它、讚美它，但你切不可把它當作一種現實存在，因為這樣只會使你陷入無法自拔的矛盾之中。

　　有一位名叫塞麗娜的多倫多女人，她長得很漂亮，但是身高只有100公分。為此，她感到非常苦悶和煩惱。有一天，她毫無目的地在馬路上閒逛，當她看到一位身高200公分的英俊男子走過身邊時，忽然眼前一亮，頓覺商機湧動。於是，她藉故接近那個高大的男子，並建議他利用兩人的身材特點，創辦世界上第一個「極端」食品店，專門生產大小兩極化的糖果，並用誇張的手段，使之形成鮮明的對比，以引起大人、小孩的好奇心。高個子男子聽後覺得很有道理，便欣然同意。果然兩個人的食品店開張後顧客盈門，很短的時間內就賺得一大筆財富。

　　許多人會因為自身的某些「缺點」而感到自卑，並且認為這些缺點成為自己成功道路上的阻力，這實際上是一種失誤。一個人身上有許多資源，缺點便是其中一種。一個人如果勤於觀察，善於思索，身上的某些

缺點同樣也能創造出價值。比如下面這位長著「大鼻子」的喬治先生。

喬治出生在美國，大學時代他就發現自己的嗅覺靈敏度遠遠超過常人，於是長期加以自我訓練。他常常把橡膠品、皮鞋、雞鴨內臟等一些莫名其妙的東西扔進焚化爐，然後測試散發出的各種不同的氣味。當他看到來請自己辨別氣味的客戶愈來愈多時，他從中聞出商機。於是，他創辦了自己的氣味公司，從而使自己的大鼻子名副其實地商品化。

他的大鼻子替客戶查明不同的氣味，或對症下藥，加以消除；或蒐集證據，替人消災；或追蹤罪犯，破案緝凶。由於這種事情非他莫屬，所以他每年的營業額高達 150 萬美元。

喬治曾經為自己的大鼻子感到自卑，如今大鼻子卻成了自己的生財之道。所以說，一個人要是能正確認識自己，即使自身有缺陷，也能化「短」為「長」。

青少年朋友應該明白，智者再優秀也有缺點，愚者再愚蠢也有優點。在生活中，我們應該對人多做正面評估，不用放大鏡去看缺點，生活中對己寬、對人嚴的做法，必遭別人唾棄。同時，要避免以完美主義的眼光去觀察每一個人，而應以寬容之心包容其缺點。責難之心少有，寬容之心多些。世界上根本沒有完美，正是因為有了缺憾，才使我們整個生命有了追求前進的動力。珍惜缺憾，它就是下一個完美。

挑水工有兩個木桶，一個完好無缺，一個有一條裂縫。每天早上，挑水工都拎著兩個木桶去打水，但到家的時候，有裂縫的木桶通常只剩下一半的水，所以完美的木桶常常嘲笑有裂縫的木桶，而有裂縫的木桶也因此十分自卑。

終於有一天，在挑水工打水的時候，有裂縫的木桶難過地哭了。它

對挑水工嗚咽道：「真對不起，因為我的裂縫，每天浪費了您很多時間。」挑水工聽後說：「不，沒有浪費。不信，你可以看一下回家路上的那些鮮花。」說完，挑水工又拎著木桶往回走。果然，有裂縫的木桶發現，不知何時，自己這邊的小路上開滿了各種鮮花，而好木桶那邊卻沒有。挑水工邊走邊說：「我在你這邊的路上撒下了花種，正因為你的裂縫，才使它們每天都喝到足夠的水，開出了美麗的鮮花。若不是你，我怎麼可能每天採花，裝飾自己的家園呢？」有裂縫的木桶聽到這裡，高興地笑了。

人生旅途中，難免有些不如意的「裂縫」。它們就是我們生命中微小的缺點，只要我們能夠善待它們，以寬容之心看自己，以豁達之心微笑面對生活，我們便會與歡樂相伴，與幸福相隨。因為微小的缺點也能化「短」為「長」。

哈佛小測試

一個人花 8 元錢買了一隻雞，9 元錢賣掉了，然後他覺得不划算，花 10 元錢又買回來了，11 元賣給另外一個人。問他賺了多少？

答案

2 元。

哈佛 MBA 的最後一堂課 ── 把自己賣出去

> 哥倫布發現了一個世界，卻沒有用海圖，他用的是在天空中釋疑解惑的「信心」。
>
> ── 桑塔亞那（George Santayana）

這裡是全球頂尖商學院 ── 哈佛 MBA 畢業生的最後一堂課。課堂上，哈佛商學院的兩位助理教授史汀博格（Thomas Steenburgh）與諾頓（Michael Norton）向即將畢業的學生出了最後一道習題：如何才能把自己「賣」出去？在做這道習題之前，兩位教授先要學生重新閱讀以前學過的行銷理論與知識，加以融會貫通，然後把「自己」作為商品，給「賣」出去。這的確是一堂很有趣的課，學生們都覺得很新奇。可是，史汀博格與諾頓僅僅是為學生上了一堂很有趣的課嗎？

其實兩位助理教授的真正意圖，是讓學生看清自己的優勢，並且善於利用這些優勢，將它們轉化為成功的助力；同時，也要清楚自己的弱勢在哪裡，怎樣管理這些弱勢。一個人只有真正地了解自己的核心價值，並且善於利用自己的優勢，才能在眾多「商品」中脫穎而出，將自己「賣」個好價錢。

正如世界知名的心理學家埃迪夫頓所說：「判斷一個人是不是成功，最主要是看他是否最大限度地發揮了自己的優勢。透過研究發現人類有 400 多種優勢，這些優勢本身的數量並不重要，最重要的是應該知道自己的優勢是什麼，之後要做的則是將你的生活、學習和事業發展都建立在你的優勢上，這樣你就會成功。」

人們常說，「尺有所短，寸有所長」。每個人最大的成長空間在於其

最強的優勢領域，多花點時間把自己的優勢發揮到極致，而不是花很多時間去彌補劣勢。優點與天賦是我們與生俱來的強項，青少年想要走上成功的捷徑，最好的辦法就是要找到自己的優勢，拿出一樣自己最出色的將它發揮出來。如果一個人的優勢得到突飛猛進的發展，那麼他將是無往不勝的。

然而在現實生活中，很多青少年往往感到很迷惘，他們找不到自己的特長。其實不是因為自己沒有，而是因為沒有被挖掘出來而已，讓我們來看看埃迪的故事。

年輕的埃迪剛從大學畢業，他本來擁有一份收入很不錯的工作，也擁有一個幸福美滿的家庭。可是在一次車禍中，埃迪不幸斷了一條腿，結果被公司的老闆「炒了魷魚」，只好在家裡閒著。埃迪感到非常沮喪，對生活失去了信心，認為自己本來擁有美好的前程，如今卻成了一個廢人，一生都可能拖累別人，於是他向妻子提出了離婚。

妻子不同意，並鼓勵埃迪說：「你的腿沒了，但你還有手，可以靠雙手來養活自己，你應該找一個適合自己做的工作。」

有一天，埃迪的兒子拿來一輛弄壞的電動遙控車讓他修理，埃迪曾經做過電工，這點小事難不倒他，他很快就把遙控車修好了。兒子十分高興，說：「爸爸，你真行！以後我的玩具壞了都讓你修理。」

兒子的話提醒了埃迪，他想，現在的玩具越來越高階，大都是電動玩具或聲、光、電的遙控玩具，價錢很貴，但這些高階玩具都經不住摔打，小孩玩不了幾天就會出故障。現在沒有修理玩具的店，自己何不試一試呢？於是，他便買來一些玩具，天天對著這些玩具來研究它們經常出現的毛病，然後再尋找辦法來修理。他還經常看一些關於玩具的書。

不久，他就能修理一些高階的玩具了。

於是，他開了一家玩具修理店，還起了一個新奇的名字：埃迪玩具急診所。

埃迪的玩具急診所生意很好，在開業的第一天，就來了一大批小顧客，埃迪憑著嫻熟的手藝，很快就將這些小「病號」修理好了。於是，這批小顧客便成了「小廣告」，四處宣揚。「埃迪玩具急診所」的名聲不脛而走，滿城皆知。顧客一批接著一批來，不到一年的工夫，埃迪已使 1,000 多個玩具死而復生，這些「病號」包括小到拳頭大的電動猴子，大到電動摩托車，還有遊戲機、卡拉 OK 機等。

修理費視玩具的大小貴賤而定，通常每天都可收入 500 美元左右，埃迪也在修理過程中累積了豐富的經驗。這樣，埃迪不僅養活了自己，而且還累積了一筆財富。

其實，這個世界上沒有完美的人，每個人都會有自己的優勢和劣勢，有些人面對自己的劣勢，總是想辦法遮掩，害怕別人的嘲笑，這樣做往往適得其反。正確的態度是，坦然面對自己的劣勢，不有意掩飾，勇於挑戰自我，並根據自己的具體情況確立目標，這樣就有可能避開自己的劣勢，更好地把自己的劣勢轉化為優勢，從而開拓人生的新局面。

哈佛小測試

1 元一瓶汽水，喝完後兩個空瓶換一瓶汽水，問：你有 20 元，最多可以喝到幾瓶汽水？

答案

40 瓶，20 ＋ 10 ＋ 5 ＋ 2 ＋ 1 ＋ 1 ＝ 39，這時還有一個空瓶，先向店主借一個空瓶，換來一瓶汽水喝完後再把空瓶還給店主。

只要去做，沒什麼不可能

我們的生活都不容易，但是那有什麼關係？我們必須有恆心，尤其要有自信心！我們必須相信我們的天賦是要用來做某種事情的，無論代價多麼大，這種事情必須做到。

—— 瑪里・居里（Marie Curie）

哈佛學子、成功學導師愛默生說：「相信自己能，便會攻無不克。」因為成功者從來不考慮失敗，他們的字典裡也從來沒有放棄、不可能、辦不到、沒法子、成問題、行不通、沒希望、退縮……這些愚蠢的字眼。他們深深地理解水滴石穿的道理，只要去做，沒什麼是不可能的。

希爾從小就有一個夢想，他立志要成為一名作家，但是由於家裡非常貧窮，他只接受了很短的學校教育，很多字詞他都要透過查字典來認識。

所有人都在勸希爾放棄當作家的夢想，不要異想天開了。朋友建議他找一份穩定的工作，平淡地過一生才好。然而希爾並沒有就此放棄自己的夢想。他用打零工賺來的錢買了一本最好的字典，隨後，他做了一件十分奇特的事 —— 他找到字典裡「不能」這個詞，用剪刀把它剪下來。

　　經過多年的努力，希爾最終成了美國商政兩界的著名導師，並且成為羅斯福總統的首席顧問，被羅斯福總統譽為「百萬富翁的鑄造者」。希爾的許多著作都深受讀者的喜愛，成了舉世聞名的暢銷書。

　　日常生活中，「我不能」經常在我們的耳邊響起，這是你對自己的宣判。聽多了「我不能」，你很可能就會走進自卑的圈子，再也出不來了。沉浸在「我不能」的困境中，很多事情就真的無法去做。因此，身為青少年，永遠不要讓一些「不可能」完成的事情束縛自己的手腳，有時只要再向前邁進一步，再堅持一下，也許「不可能」就會變成「可能」。而有些人之所以能成功，就是因為他們對「不可能」的事多了一股不肯低頭的韌勁。

　　對於普通人來說，從一個平民到一個國家的領導者幾乎是件「不可能」的事情。可是亞當斯卻做到了。在他看來，世上的一切都是可能的，重點是你要勇敢行動起來。

　　約翰‧亞當斯（John Adams）生於麻薩諸塞州，父親是農場主。亞當斯從哈佛大學畢業後當了律師，1772 年被選為麻薩諸塞州眾議員，1774 年參加第一次大陸會議，1775 年參加第二次大陸會議，1776 年參加《獨立宣言》（*United States Declaration of Independence*）五人起草委員會，1777 年出使法國，1778 年返回美國參加憲法起草工作。美國獨立後，亞當斯被任命為首任駐英公使，1789 年當選副總統，1796 年華盛頓卸任後任總統。

　　身為大陸會議的代表，亞當斯所受的教育、所學的法律知識以及他嫻熟的演說技能都在費城派上了大用場。在大陸會議上，他雄辯無比、入木三分的演說使其成為《獨立宣言》最有力的擁護者。可以說，他為美利堅合眾國的建立做出了不可磨滅的貢獻。

　　亞當斯最引人注目的特點，一是他學識淵博，身為一位政治哲學

家，他有著驚人的學問和思想力；二是他有著移民到美洲的新英格蘭人那種對宗教和道德的執著精神。亞當斯在道德上可謂一個真正的君子，這與他在哈佛所受的出色教育密不可分。

人生在世，要與無數的「不可能」遭遇。若一味膽怯、退縮，你就永遠無法戰勝「不可能」。自卑的人心理上會產生一種消極的自我暗示，「我不行」、「不可能」是他們常用的口頭禪。所以，青少年朋友應該對「不可能」這個詞，採取一個新的看法，樹立自信和必勝的信念，告訴自己：只要去做，沒什麼不可能。這樣堅持下去，離成功也就不遠了。

哈佛告訴我們：自信是成功的助燃劑，自信多一分，成功就可以多十分。愛迪生（Thomas Alva Edison）曾經試用 1,200 種不同的材料做白熾燈泡的燈絲，但是都失敗了，有人批評他：「你已經失敗 1,200 次了。」可是，愛迪生不這麼認為，他卻充滿自信地說：「我的成功就在於發現了 1,200 種材料不適合做燈絲。」正是懷著這份自信，愛迪生最後獲得了成功。那些成功者的經歷，其實就是心理學中的「自信心效應」，只要不放棄，那就沒有什麼不可能。

在生活中，有許多身有障礙或者處於逆境中的人，他們之所以能取得旁人難以想像、難以達到的成就，正是因為他們有一股強大的精神動力——自信心。一個自信心很強的人，他會相信自己的力量，無論什麼樣的困難與挫折都不能阻擋他前進的步伐，從而贏得成功。相反，一個缺乏自信心的人，他看不到自己的力量，看不到自己的優點與長處，在追逐目標的過程中，他失去了克服困難的信心和勇氣，最終，他只能面對失敗，與成功失之交臂。人只要有自信心，永遠不放棄自己追尋的目標，那就沒有什麼不可能。

哈佛小測試

假設共有三類藥，分別重 1 克、2 克、3 克，放到若干個瓶子中，現在能確定每個瓶子中只有其中一種藥，且每瓶中的藥片足夠多，你能只秤一次就知道各個瓶子中盛的是哪類藥嗎？如果有四類藥呢？五類呢？N 類呢（N 可數）？如果是共有 m 個瓶子盛著 n 類藥呢？（m，n 為正整數，藥的重量各不相同，但各種藥的重量已知）？你能只秤一次就知道每瓶的藥是什麼嗎？注：當然是有代價的，秤過的藥我們就不用了。

答案

從第一個瓶子拿出一片，第二個瓶子拿出四片，第三個瓶子拿出十六片，……第 m 個瓶子拿出 $n+1$ 的 $m-1$ 次方片。把所有這些藥片放在一起秤重量。

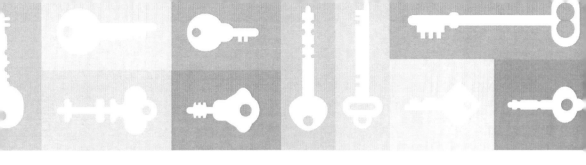

第六章
推倒思維的牆，讓自己永遠有路可走：
在腦力激盪中徹底綻放

　　21 世紀，最容易獲得成功的人，往往不是那些擁有最豐富知識的人，而是那些擁有創造力和創新意識的人。一個人如果能夠在生活中勤於思考、學會創新，那麼就會獲得前所未有的成功和喜悅。有時候，我們覺得前面無路可走，那是我們沒有學會運用上帝賜給我們的禮物，發揮我們的創造性和創新能力，開啟成功之門。

哈佛關於思考的四條建議

　　經常性地檢視自身，經常性地尋找自己的過失進做出反省，這樣每個人都能掌握自我完善的祕方。畢竟，自己找到的錯誤，自己也會更容易接受，糾正起來也會比較快。

—— 威廉・詹姆斯

　　思考，是人類大腦最重要的功能之一。身為青少年的你，大腦經常處於高度運轉的狀態，在學習的過程中，只有懂得如何思考，才能更有效地學習新知識，以及總結經驗。在長遠的人生中，也只有懂得思考的力量，才能獲得更加精彩的成功。

　　哈佛大學之所以享譽盛名，就是因為它培育了無數的成功人士，而他們之所以能夠成功，就是因為哈佛大學教給了他們與眾不同的思考方法。一位哈佛教授曾說：「當你找不到出路的時候，不妨讓思路來一個『急轉彎』，這樣你就會發現不一樣的答案了。」其實生活中很多問題，都不能只憑藉經驗來辦事，而要懂得尋找經驗之外的辦法，這或許才是最好的。

　　生活中，我們不能忽略這樣一個現象：有的人在小時候很聰明，很有創造力和想像力，不過隨著年齡的成長，他們的思維會漸漸被模式化，所思所想都會變得僵硬起來。在遇到問題的時候，思維也更傾向於大眾化，而不是讓思路來一個「急轉彎」。

　　那麼，如何才能改變這種現象，讓青少年的思維變得靈活，懂得轉變呢？哈佛總結提煉了四條最有效、最實用的關於優質思考的建議：

　　建議一：要理解思維方式轉變的特點，比如在面對一些常規問題的

時候，不要想著以常規的方法去解決，要善於運用擴散性思考和逆向思維思考。

建議二：不要把每件事都當成「理所當然」，好像一些問題就必須那樣去解決，一些方案就必須那樣去制定一樣。

建議三：知識和思維是緊密相連的，但是並不是知識越豐富，思維能力就越強。我們看到有的孩子思維能力超強，可是考試成績並不是很理想；有的孩子思維能力一般，成績卻很優秀，這就是我們平時所說的「高能低分」和「高分低能」。

建議四：要學會堅持與善始善終，因為大凡成功人士，他們本身的智商或許並不高，學習成績可能很糟糕，不過因為他們的想法多、思維活躍，所以能夠在遇到問題的時候始終堅持，並且做出高於常人的成就。

哈佛大學的畢業生、美國著名學者愛默生有一句名言：「你，正如你所思。」思考能力是影響人生發展的核心力量，一個缺乏思考能力的人，永遠都無法成功。因為當我們落入常規思維的圈套後，我們已經被思維定見束縛了，之後我們就會被自己掌握的知識和經驗捆綁，有時候知識越豐富，越無法掙脫這種捆綁，但是一個小孩卻可以很容易地解決許多看起來很難的問題。其實，只要我們跳出思維的陷阱，我們也能想出問題的答案。這告訴我們應該擺脫教育和傳統理念的過多束縛，積極思考，發揮想像力，方能獲得成功。

哈佛小測試

你的思考能力如何？

當你還是個小孩兒，或者，你現在正是一個小孩兒，好像總覺得大人的世界很廣闊，又自由自在，真希望自己能快一點長大。那麼在你心中，最羨慕大人的是什麼？

A. 不必考試。

B. 穿著打扮。

C. 可以為所欲為。

D. 權威感。

結果分析

選擇 A：你的想法與別人很不相同，會考慮到事情的其他方面。從不同方面來看，又是另一個風景，但那不是一般人會想到的地方。所以如果沒有知音，你可能要一人獨立與團體奮戰，這是一件相當艱辛的工作。也許你會放棄溝通，沿著多數人走的路而行，可是無形中，少數服從多數，就會把很多獨特的想法和人才給扼殺掉。

選擇 B：你會想到問題的細節，當多數人已經掌握大方向之後，你加入的意見可以讓案子做足一百分，達到完美的境地。可是，一開始當大家熱烈討論的時候，或許不明白你為什麼一定要把藍圖上的每個小細節都規劃清楚，才肯作罷。有你在的會議，常常可以見到雞同鴨講的熱鬧景象。

選擇C：你雖然不是會議中的頭頭，不過你的吸收力很強，可以迅速了解別人在說什麼，經過消化之後，轉化成你熟悉的做事方式。所以乍看好像悶悶的，什麼都不懂的樣子，其實你早就在心中有一套完整的方案，一步一步將計畫完成，讓所有人都嘆服你是心中有數的人。

選擇D：與選A的人恰好相反，你在思考一件事的時候，會先找出最主要的宗旨，確定施行的範圍之後，才開始做大綱的架構。所以你很快就能進入狀態，對事情的全貌有清晰的概念。不過，你的性子比較急，決定了方向之後，就認為已經完成了大半，接下來的衝勁兒就不如最初那樣，執行力變差，完成度也不如預期。

用「哈佛熱情」打造創新思維

思維是從疑問和驚奇開始的，一切事物從未知變成已知，都是因為有人提出了問題，提出了為什麼。

—— 亞里斯多德（Aristotle）

你知道哈佛大學最喜歡什麼樣的學生嗎？當然是具有創新思維的學生。

創新能力一部分來源於天生，一部分來源於後天的培養。不過，很多青少年並不善於運用這種能力，或者缺少運用這種能力的意識。如果一個人無法運用好創新思維，就會被自己的經驗所束縛，永遠都在做一些機械化的思維運轉，這樣便很難取得突破性的成功。

在哈佛的校徽上言簡意賅地刻著「真理」兩個字，而在哈佛人的心

中，除了追求真理，還有一個更重要的精神 —— 創新的激情。對於一個人來說，如果無法創新，那也就意味著沒有了思考的能力，甚至失去了自己的個性。所以，在青少年的想像力還沒有被成熟磨平之前，應該盡可能地去開發自己的創新能力，這樣的創新可以為你的學習帶來動力和激情，也能讓你在內心更接近哈佛精神。

其實，我們在面對很多問題的時候，都很容易讓自己的思維受到局限和束縛。為了打破這種局限和束縛，就必須保持良好的創新能力，不要讓自己的思維陷入死胡同。當你換一種方式和角度去思考問題時，會發現一切都變得與眾不同了。這也是「哈佛熱情」所能帶給你的東西。

關於創新思維，哈佛大學提出了「創造新思維框架的五步法」：

第一步：懷疑一切

這意味著對自己現有的認知、假設、局限以及思維模式提問，同時承認存在一些人性偏好有時會導致我們走錯路或產生認知偏差。改變現有看法往往比拿出新思路更難。為幫助人們解開固有思維束縛，需要創造懷疑氛圍，辨識並挑戰既定思維模式，最後鎖定需要深入探究的思維模式和問題。

第二步：探索可能

基於了解現有思維模式缺陷的基礎上，細緻地探索和研究盡可能多的相關資訊。顧客洞察包括詳盡了解使用者或最終消費者選擇產品或服務的原因、地點、時間、方式，以及我們為什麼會被潛在消費者拒之門

外。競爭情報包括了解當前和潛在競爭對象，以及他們對業務可能不同的認知框架。大趨勢包括辨識和審視將會對行業和整個世界產生重大影響的主要社會、經濟、政治、科技趨勢。

第三步：擴散性思考

設想盡可能多的可能，更準確地描述問題，並提前理解所有相關的限制，使用有畫面感和能夠喚起熱情的問題。幫助提升創造性的方式有很多，但它們背後的運作機理均相同，均為改變視角，使得可以產生新的看法、連繫和組合。

第四步：收斂

對在發散過程中產生的所有新主意使用預先設想的標準挑選、排序，並將其付諸實踐。

第五步：不斷重新評估

假設一家公司經營卓越、效率完美、營收優秀，這種情況下公司的CEO 的角色是什麼？我們發現卓越成功企業的 CEO 並沒有懈怠並持續一成不變的運作方式，他們反而在持續地評估，並決定何時實施哪種新的思維框架。

基於不同的視角看問題的價值不可估量。我們認為新的想法本身並不能使企業在競爭中頓悟，需要做的是改變對現有思維和周圍環境的審視視角。從懷疑開始，在創新方法前積極地辨識並挑戰已有的思維模

式，是用創新推動持續成功的關鍵要素。這不是一勞永逸，而是一個持續不斷頓悟的過程。

也許你以後上不了哈佛大學，但是這並不意味著你就一定比哈佛出來的學生差。只要你願意，善於經營自己的強項，你也一樣會很優秀，甚至更好。擁有正確的心態，不要因為羨慕別人的風景而把自己的風景給忽略了。在漫漫的人生旅途中，找到自己的強項，也就找到了通往成功的大門。選準自己的座標以後需要立即行動，沒有走出去的冒險精神，你的選擇永遠不會實現。

哈佛小測試

你的明辨是非能力如何？

聽說社區門前貼了張懸賞告示，獎金是 10 萬元，你覺得是在找什麼？

A. 尋找失物。

B. 尋人啟事。

C. 尋找寵物。

D. 為交通事故或其他犯罪事件尋找線索。

結果分析

選擇 A：你很容易辨識善惡，並產生警戒。

你很容易辨識善惡，也很容易進入戒備狀態。如果有一個可疑的人在你的面前出現，你會採取很引人注意的防禦行動，讓大家都知道你的態度。雖然你的觀察力不錯，可是容易衝動行事，打草驚蛇，反而將自己的想法洩露給對方。明槍易躲，暗箭難防啊！

選擇 B：你能辨識善惡，但不隨便起疑。

你能洞悉人性的複雜和險惡，但不會隨便懷疑別人，因為你有強烈的好奇心，也喜歡和人相處，相信人性有美好的一面，久而久之，便見識到了各種人的嘴臉，並且能和不同的人處理好關係，能在喧鬧的人群中遊刃有餘、怡然自得。

選擇 C：你太天真善良，根本無法辨別人心。

有沒有聽過人家這樣罵你：「笨蛋！這麼幼稚，人家把你賣了你還幫人家數錢呢！」說真的，這是值得你好好想一想的問題。因為你純真善良的本性根本無法辨識人心的真偽善惡，總把所有的事情都想得很美好，會很容易受傷的。

選擇 D：你不但能洞悉善惡，你的精明也令人畏懼。

真佩服你的精明，你的警覺性很高，一點點不對勁的狀況馬上就能引起你的注意，很少有人能唬得住你。而你也有精確的判斷力，能迅速掌控全域性，馬上就把對方的底細探得一清二楚。再聰明的騙子一見到你那銳利的眼睛，也會產生畏懼。

創意是命運的饋贈，突破思維才能開闢道路

毫無疑問，創造力是最重要的人力資源。沒有創造力，就沒有進步，我們就會永遠重複同樣的模式。

—— 哈佛勵志箴言

哈佛大學第 24 任校長普西 (Nathan Marsh Pusey) 就培養學生創造力時說道：「如何區別一流人才和三流人才，取決於他們是否具有創造力。」

哈佛大學特別關注對學生創新能力的培養。高健 (John Kao) 是哈佛大學非常有名的華裔心理學教授，他曾出版過《企業家與創造力》一書，這本書按照人的思維習慣，將人腦分為了三類，包括右腦型、左腦型以及全腦型。左腦主要是做數學分析、邏輯思維以及掌握語言技巧；而右腦則能將分散的資訊綜合起來，同時對靈感、直覺以及思維比較關注。所以左腦型者對於計畫和安排工作十分擅長；右腦型者具有豐富的想像力。而全腦型人才則是左腦和右腦相互配合的人。

高健教授為了判斷每個人的腦型，採用了一系列方式，最直接的方式就是問卷調查法，在問卷中設定一些相關內容，如個人的性格、思維方式、專業、愛好、興趣等，透過這些具體的內容來確定每個人的腦型。學生透過問卷調查來了解自己的腦型，之後採取的努力更具針對性，努力避免腦型偏差產生的一些思維缺陷，經過不斷努力，把自己塑造成一個優秀的全腦型人才。

每個人腦型都存在獨特性，這屬於一種自然現象，而腦型並不是從出生後就固定不變的，許多研究人員透過對人腦的研究已經證實：比起右腦型者向左腦型者靠近，左腦型者向右腦型者靠近要更加容易。左腦

本就掌握了一技之長，得到右腦的幫助，左腦掌握的技能更加豐富，所以左腦型向右腦型的靠近可以稱得上是一種解放；但是右腦型向左腦型靠近就有些困難，如果右腦型者想要掌握左腦型者的技術和知識，必須要付出更多努力才行。創造屬於全腦型中的一項活動，創造主要由五個階段構成，分別是準備階段、醞釀階段、頓悟階段、驗證階段以及應用階段。在創造時，左腦和右腦之間是密切配合的關係，彼此合作，左腦做的工作內容比較多，這些準備工作都非常艱鉅，包括課題的確定以及課題的性質，接下來左腦開始醞釀，課題中涉及的內容此時要一一消化，然後把所有的資訊整合起來；當醞釀逐漸完善並成熟時，創造者腦中就會出現一個清晰的思路，而課題問題也會隨之迎刃而解；之後進入到驗證過程中，右腦頓悟後的所有設想都會得到左腦的分析；然後用實踐來檢驗設想的可行性，這一過程也是解決實際問題的過程。

哈佛大學非常關注如何培養和提高學生的創新意識和動手操作的能力，早在 1983 年時，哈佛大學就開始用一些親身實踐活動來代替課堂的簡單講解。

在哈佛的經理學院內，有許多小型企業，這些企業都是由學生來經營的。學校提供給學生的每一項服務，都由學生承包，如健身操學習班、學生旅行社、冰箱、洗衣間服務等。而學校內的許多實用手冊都是學生編輯並出版的，如《淨現值》、《新生介紹》、《哈佛經理學院年鑑》、《學生住址錄》等。在每年的第二個月，想要經營這些服務專案的學生需要成立不同的小組，經過規劃和設計，制定出能夠執行的經營方案，還要列出詳細的收支預算，學院的特許權委員會會對每個小組交出的經營方案進行認真的審查，之後選出計畫最合理的小組，獲得開業特許權的小組就可以經營業務了。假如學生還有其他新的想法和創意，也可以提

出來，特許權委員會會對他們的經營方案審查，通過審查就可以經營新業務。學生完全享有營業利潤，經營洗衣間的學生每個學年可獲利七千多美元，而學生們編輯發行的《新生介紹》獲得的收益達兩萬美元左右。學生不僅能夠透過經營這些小型企業掌握實際經營業務的經驗和能力，還能夠獲得一定的收益。

「如果你想獲得成功，就要讓自己的想像力自由流淌出來。」哈佛經理學院的成功經驗告訴我們：我們在生活中只要勤於思考、學會創新，那麼我們就會獲得前所未有的成功和喜悅。有時候，我們覺得前面無路可走，那是我們沒有學會運用上帝賜給我們的禮物，發揮我們的創造性，開啟成功之門。

拿破崙・希爾是一位非常著名的成功學導師，他認為創新的存在並不是特定的，而且也不是只有聰慧過人的人才具有創新能力。如果我們可以擺脫常規的束縛，勇於創新，拓展我們的思維，那麼只要一個小小的創意，就可能產生非常顯著的成果。永遠不要錯過頭腦中的每一個靈感，它可能就是你獲得成功之鑰的關鍵點。

羅斯福曾經任美國總統一職，他說過一句話：「幸福不僅是指獲得了金錢，還有品嘗成功時的喜悅，同時還有感悟創造力帶來的無窮魅力。」羅斯福也是從哈佛大學畢業的一名學生，這位曾經的哈佛學生提醒我們不要盲目地跟從和依賴，更不要人云亦云，我們沒有必要按照前人的做法去行事，任何人的行為都不能阻礙我們的每一個想法，我們應該摒棄前人和傳統的經驗想法，尋找一條適合我們自己走的道路。只有享受命運恩賜給我們的創造力，我們才會找出一條新的道路通向成功。

有時候並不是我們真的缺少創造力，也不是因為我們的頭腦不夠聰

明，而是束縛太多，受到的牽絆太多。每個人都充滿豐富的想像力和創造力，但是隨著我們漸漸成長起來，外部環境以及一些固有的知識就會慢慢將我們包裹起來，它們告訴我們「無規矩不成方圓」，讓我們遵循既有的框架辦事，最後我們就走進了死胡同。

要做獨立的自己，首先要保障自己的思想是獨立的。我們可以透過許多方面來尋找丟失的創造力，並且多思考，勤動手，不斷提高自己的創造力。在我們的生活中存在著許多難題，如何運用我們自己所學的知識去解決問題，在思考中我們要暫時忘掉其他人提出的解決辦法，運用我們自己的創造力，重新尋找一條路，此時思考和創新就變得十分重要，只要我們勤於思考，積極發揮自己的創造才能，就可以輕鬆解決諸多問題。當我們養成了獨立解決問題的能力，那麼創造力也會得到進一步提高。讓想像飛翔，讓創造改變生活、改變世界。

哈佛小測試

如果讓你把一盒蛋糕切成 8 份，將每份蛋糕分給一個人，共有 8 個人，但蛋糕盒裡還要留下一份，你會怎麼做？

答案

這是一道非常簡單的題，把蛋糕切成 8 份，拿出 7 份分給 7 個人，剩下 1 份放在蛋糕盒裡給第 8 個人。

答案不是只有一個，我們永遠有路可以走

天才只不過是一種以非慣常方式感知事物的才能。

—— 哈佛勵志箴言

「答案是唯一的。」每次聽到這句話，我都會很頭疼，因為這意味著想要給出正確的答案必須絞盡腦汁去思考。但是每一次聽到提問者說「答案不唯一」這時我就會異常興奮，然後就會天馬行空般開始給出各式各樣的答案，當然也許這些答案都不對，但是我們好像樂此不疲，還是會積極思考。為什麼會產生這種現象呢？因為不唯一的答案能夠刺激我們的想像力，發揮我們的創造力，各種答案就會隨之而來，比起冥思苦想那個「唯一答案」，對於解決這類「答案不唯一」的問題，我們好像覺得更加輕鬆和容易。

歷史的車輪在不停地向前轉動，許多擁有創造力的人都用他們的聰明才智努力改變著這個世界。小時候，我們都聽過盤古開天闢地的故事，也知道那時天地一片混沌。而今天的地球卻充滿活力，不僅有自然存活的物種，還有許多人類創造的東西。萬里長城、金字塔、兵馬俑等，都展現了古代人們的聰明才智和創造力。

在這個世界上，有些人一直在「沉睡」，有些人卻憑藉自己的思想一直在前行，他們好像是一些「另類」，有時表現得非常怪異。這些人只是不願意沉睡下去，他們用他們聰明的大腦在與時間對抗，在與整個社會對抗。因為時間的流逝，所處的環境無時無刻不在侵蝕我們的大腦，吞食我們的想像力和創造力，最後把我們逼上一條絕路，讓我們無路可走。

其實，許多偉人也曾被逼上過「絕路」，但是他們沒有選擇放棄，在發揮了自身的創造力後，他們重新尋找了一條道路，那條道路滿是光明，最後讓他們通向了成功。

貝聿銘是一個美籍華人建築師，曾經在哈佛大學學習建築學。貝聿銘被稱為「最後一個現代主義建築大師」，在建築領域，貝聿銘被人們津津樂道的是他設計的具有抽象形式的建築。他參與設計的建築非常多，也因此被人們稱為實踐型建築師。他設計的每一個建築都被人們讚嘆不已，人們在欣賞他的偉大建築時，非常佩服他擁有的想像力和創造力。而這一切，都和他注重培養自己的創造力有關。

在他就讀於哈佛大學建築系期間，教授很少給學生們講解那些世界有名的建築是如何完成的，而總是讓學生們自己去設計、構造自己心中的建築。每一個建築都是有生命的，但並不是每一個人都能喚醒它們。勤於思考的貝聿銘做到了，在學習期間，他就很喜歡設計建築，與世界上的偉大建築相比，他的設計都太過小兒科了，但是與那些建築具有的想像力來比，他設計的建築卻不輸於任何一個有名建築。

學生設計的建築得到了教授的指導和鼓勵，教授們常說：「有一天，你們一定會把它建造出來。它將是世界上獨一無二的建築。」而貝聿銘也的確這樣做到了。

得到教授們的讚賞，每個學生的想像力和創造力都得到了最大的發揮。在他們的眼中似乎沒有不可能完成的事，任何再「荒謬」不過的問題，他們也能尋找到解決辦法。想像讓他們飛得更高，而創造力卻讓他們飛得更持久。他們永遠不相信答案只有一個，他們認為絕路是不存在的，只要積極運用我們無窮無盡的想像力和創造力，就永遠有路可走。

　　我們在小時候都玩過搭積木的遊戲，那時候是不是都想像著自己可以蓋一所漂亮的大房子？如今呢，那樣的想法還有嗎？也許每個人只是笑笑，算是對當時幼稚想法的作答。但是我想勸大家一直保持當時的想法，用小小的積木搭起一座橋，讓我們記住：我們的面前永遠有一條路，它是由想像和創造力鋪成的，這條路一直都存在，就在我們認為「山重水複疑無路」時，它出現了，讓我們看到了柳暗花明，讓我們看到了明媚的陽光。

哈佛小測試

　　兩個盲人結伴去買襪子，每人買了兩雙黑襪子和兩雙白襪子，這些襪子大小、材質都相同，每雙襪子被商標紙連著。兩個盲人將襪子混在了一起，他們怎麼才能找回自己的兩雙黑襪子和兩雙白襪子呢？

答案

　　每雙襪子都被商標紙連著，所以兩個盲人從每雙襪子中取一隻就可以了。

你的想法和靈感都來源於平凡的生活之中

有創造力的人願意生活在模稜兩可中。他不需要問題立即得到解決，而能等待合適的想法。

—— 哈佛勵志箴言

在我們被那些科學家和發明家的創造而深深折服的時候，我們的腦海中總會浮現一個畫面，那些科學家在一間滿是先進裝置的實驗室裡不斷地工作著。然而事實告訴我們，這種想法是不對的。甚至可以說是大錯特錯的，要知道發明家並不是坐在實驗室中去想像應該發明一件什麼東西，所有的發明創意都來源於生活，最終發明的東西也應用到了生活。

美國有一個非常有名的商人叫斯太菲克，他一開始並不是一位商人，而是一位軍人，當他退役後，他進入了一家醫院接受療養。閒來無事，他拿起了一本書看，書中寫的是思考和致富的故事，當時他眼睛一亮，似乎找到了致富的方法，他抑制不住自己的興奮，想要馬上思考一番，然後成為一個富有的人。

他躺在醫院的病床上，開始努力想像，他的想法此時像長了翅膀一樣，一個接一個地冒出來，他一會兒構思開一家療養院，一會兒又想創辦一家廣告公司，過一會兒又想建立資訊中心……這些想法讓他開心極了。但是，他馬上就停止了臉上的笑容，因為他發現了一個問題，這些設想雖然能讓他一舉成名，但卻顯得有些不切實際，因為他根本沒有資金去做那些事。顯然這些想法已經超越了現實條件，一切都只能成為空談。沮喪之後，他沒有放棄想要致富的思想。不過，這一次他吸取了上一次的教訓，他在想自己可以從哪些小事找到致富的方法，就這樣，他

思考了好多天，結果一無所獲。

　　有一天，護士給他送來了洗好的襯衫。這些襯衫都是護士幫他拿到洗衣店去洗的，他對護士說了聲「謝謝」，然後又陷入了他的致富夢中。當他想得頭痛時，卻看到了衣服上的襯衣板，那是洗衣店用來保持衣服平整放置的。而正是這種襯衣板，讓斯太菲克從此走上了經商之路。他在襯衣板上印製廣告，向需要印廣告的商家收取廣告費，當累積了一筆資金後，又採用其他方式擴大襯衣板的使用範圍，最後他成功了，成了一位十分富有的商人。

　　這個故事讓我們明白了，脫離實際的思考是無用的，那無異於伸手摘星，只有從平凡的生活中尋找靈感，然後運用我們的大腦去思考，才會獲得成功。許多想法和靈感並不是憑空產生的，也不是只有科學家和發明家才有這種想像力和創造力，每一個人都有，只要牢牢把握這些想法，那麼每一個人都可以成功。

　　哈佛商學院是許多人夢寐以求的地方，因為那是一個盛產富人的地方，每一個從商學院畢業的人都收穫了大量財富。但這不是因為他們在商學院學到了多麼高深的知識，正相反，他們在這裡學會了一個簡單的道理：所有的想法都來源於平凡的生活。

　　商學院的學生都喜歡一個小故事：瓊斯是一個農民，他的農場面積非常小。只能勉強維持家人的生活。有一天，瓊斯起床後卻發現自己動不了了，原來他患上了全身麻痺症，從此只能躺在床上。這種情況簡直糟糕透了，他身邊的朋友和親人都認為他是非常不幸的，以後再也不會有所作為了。但瓊斯自己並沒有絕望，他思考了幾天，然後叫來家人，把他的想法告訴了他們：先在田地上播種玉米，當玉米成熟時就在田地

上養豬，用玉米來餵豬，當豬還沒有長大時就把牠們殺掉做成香腸，然後出售這些香腸。家人按照他的想法去行動，不久之後便收益頗豐。

故事中的農民十分聰明，他提出的想法正是「良性循環」，小豬直接生長在田地上，糞便就是天然的肥料，第二年土地會更加肥沃，收穫的玉米也會變多，便可以養更多小豬，做成更多香腸……我想從現在開始大家也會喜歡上這個小故事吧。

「不用坐在月亮上思考，才能獲得非凡的想法。」只要我們善於觀察生活，我們就能從平凡的生活中收穫最有價值的想法。不是只有哈佛商學院的學生才擁有豐富的想像力和創造力，那個癱倒在床上的農民也有。同樣我們大家，也有這種能力。但是我們是否發揮了我們的想像力，是否抓住了一閃而過的想法和靈感，這才是成功與否的決定性因素之一。

任何人要想獲得成功，不能僅停留在思想方面，還要去執行、去實踐。無論是靠襯衣板發家的大商人，還是靠循環生產獲得成功的農民，他們都將想法付諸實踐才有所獲。所以，發揮我們的想像力和創造力，用實踐行動去證明它們的正確性，這是我們獲得成功的必要途徑之一。

哈佛小測試

心理測試：朋友約你到一個陌生的地方去探險，探險前你會準備什麼？

A. 關於那個地方的書籍、地圖。

B. 指南針、藥品等物品。

C. 詢問周圍的人誰去過那裡，向最近去過的人了解情況。

結果分析

選擇 A：過分依賴書本知識，書籍和地圖出版、印刷需要時間，和實際情況存在偏差。

選擇 B：考慮到陌生地方存在的危險，但外出探險不可能帶夠所有物品，如果發生意外，就會陷入茫然之中。

選擇 C：直接經驗對人的幫助作用最大，透過詢問，可以知道陌生地方存在哪些危險、要注意哪些問題等，這種方法是三者中最好的一種。

利用你的創造力，打破思維的枷鎖

真正有創造力的人能夠擺脫一切自我約束。

—— 哈佛勵志箴言

創新能力並不是一種後天要努力去學習的能力，我們天生就具有這種能力。但是一些人卻不善於運用這種能力，或者說缺少運用這種能力的意識。如果我們無法利用自身具有的創造力，那麼就會受思維定見的影響，做什麼事都受到束縛。如果一直不能從傳統觀念中走出來，那麼許多事發展到最後，面臨的極有可能是失敗。

克蘭是一個普通的商人，他的小作坊只製作和銷售巧克力，但是一到夏天克蘭就非常鬱悶，夏季天氣非常炎熱，巧克力在高溫下會變軟，最後還會慢慢融化，因此夏季一般商店都不會進貨巧克力，克蘭小作坊

的銷量不斷下降，幾近倒閉。克蘭開始發揮自己的聰明才智，既然大家夏天不願意買巧克力，那麼何不生產一種新的糖果，而且能夠達到消暑的作用。後來他製造了一種硬糖，夏天一到這種消暑硬糖的銷量非常好，而過了炎熱的夏天，巧克力銷量也會持續增加，之後無論四季如何變換，克蘭再也不擔心產品的銷量問題了。

透過實踐我們發現，要想實現創新，就要全盤否定自己固有的觀念，這樣才能讓我們產生更多更新奇的想法，才能讓我們的創造力不斷提高。我們學習的知識都只是一種客體，它們難以發揮作用，能夠讓它們造成作用的主體是我們，只有我們才能思考、創新以及創造等行為。

在社會變革迅速的今天，科學技術發展更新的速度讓人十分驚嘆，而人和人之間的競爭也不斷加強，那麼如何在激烈的競爭中贏得勝利呢？知識、科技，這些資源對於我們來說都是相同的，我們可以利用，處在競爭地位中的人都可以利用，要想獲得成功，只有充分發揮我們的創造力，擺脫各種束縛，透過創新和發展，來實現我們的人生價值。現代社會是一個知識經濟時代，而創造精神在這個經濟時代發揮的作用是不容忽視的。創新是知識經濟發展的前提，也是知識經濟最主要的構成部分。

知識和創新力到底哪一個更重要？沒有豐富的知識是不是就沒有創造力和想像力？下面讓我們來讀一個哈佛大學心理學教授講給畢業生們的小故事：

一個國王和大臣們走進了後花園，大家在欣賞景色的時候，國王卻指著不遠處的一個大水池提出了一個問題：「誰知道這個水池的水能裝滿多少個水桶？」大臣們聽了國王的問題，你看看我，我看看你，一時

都想不到正確的答案。國王看了大臣們的表現，有些氣憤：「你們平常一個個都飽讀詩書，連這麼簡單的問題都解答不了嗎？」大臣們都羞愧難當，最後國王限他們三天內必須給他一個答案，否則就要處罰這些大臣。三天轉眼就過去了，但大臣們還是沒有想到問題的答案，國王正要處罰這些人時，負責給花園修剪樹木的園丁的小兒子站出來了，他只有七歲，當他聽到國王的問題時，連連說：「這個問題也太簡單了吧。」之後他給出了問題的答案：「如果是和水池一樣大的水桶，那就可以裝滿一桶水，如果是和水池一半大的水桶，那麼就可以裝滿兩桶水……」國王聽了很高興，這個問題被一個小孩解決了，那些平日自詡知識淵博的大臣十分羞愧。

　　哈佛教授之所以會給即將畢業的學生講這個故事，是希望他們進入社會後，不要像那些大臣一樣，思維受到局限和束縛。要永遠保持想像力和創造力，它能幫助我們更好地解決問題，而不是在問題面前陷入死胡同。

　　當我們落入常規思維的圈套後，我們已經被思維定見束縛了，之後我們就會被自己掌握的知識和經驗捆綁，有時候知識越豐富，越無法掙脫這種捆綁。但是一個小孩卻可以很容易地解決許多看起來很難的問題。只要我們跳出思維的陷阱，我們也能想出問題的答案。這告訴我們應該擺脫教育和傳統理念的過多束縛，積極思考，發揮想像力，這樣才能獲得成功。

哈佛小測試

有左右兩條岔路，一條路通向誠實國，一條路通向謊言國，誠實國的人都說實話，謊言國的人都說假話，每條岔路口都站著一個人，如果只允許你和其中一個人交談，你怎麼確定哪條路通向誠實國，哪條路通向謊言國？

答案

問其中一個人「去你的國家怎麼走？」就可以知道哪條路通向誠實國，哪條路通向謊言國。因為謊言國的人說謊指的是誠實國的路，誠實人說真話指的也是誠實國的路，那麼另外一條路就是通向謊言國的路。

能夠飛上雲霄不僅僅是因為有羽毛

我們的生活就像旅行，思想是導遊者；沒有導遊者，一切都會停止。

—— 哈佛勵志箴言

如果我問「飛機是誰發明的？」大家會迅速給出回答「萊特兄弟」。如果我再問「他們為什麼要發明飛機？」大家可能就要思考一陣了，其實答案很簡單：他們想飛上藍天。但是人不像鳥兒一樣擁有翅膀，人只能藉助外在的力量飛上天。如何去驅使這種外部力量呢？這就需要我們有想法、有創意，同時還要勇於實踐，不斷探索。

如果一個人缺少思想、缺少創新，那麼就會像機器一樣，機器如果缺少操作人員，就難以維持正常的執行，人如果沒有想法和創造力，也會被社會所淘汰。因此說我們的思想有多高，我們就可以到達多高的地方。所以說有夢想，就沒有不可能實現的事。同樣，如果沒有夢想，一味守舊，那麼有一天我們連原有的能力也會失去。

一個農夫撿回來一枚大雁下的蛋，農夫將蛋放在了雞蛋裡一起孵化，孵出的小雁和小雞們生活在了一起，慢慢地小雁長大了，但牠卻一直不會飛翔，農夫將牠托在手中，希望小雁能夠飛翔起來，但小雁像其他小雞一樣只是振了幾下翅膀就落到了地上。農夫嘆了口氣，原來小雁已經沒有飛翔的欲望了。

多麼可悲的一件事，缺少思想，就算有一對翅膀也飛不上藍天。如果我們一直不肯走出原來的圈子，那麼我們就不可能改變自己的命運，也不會擁有更加輝煌的明天。現實生活中有許多失敗者，他們身上都有一些致命缺陷，永遠墨守成規、一成不變，無論是思想或是行動，都沒有擺脫原有的束縛，這些人永遠不會有所進步，有所發展。

埃倫·蘭格（Ellen J. Langer）是積極心理學的奠基人之一，她是一位著名的心理學家，也是第一位獲得哈佛終身教職的女性。哈佛大學是一所舉世聞名的大學，學校的教師一般採用聘任方式，然而蘭格卻以她的優秀成了終身教授。蘭格到底有哪些過人之處呢？她是如何在心理學上取得諸多成就的呢？

蘭格像其他哈佛教授一樣，自己要不斷研究新課題，還要負責教授學生。除此之外，蘭格還喜歡搞點創造性的東西，她很喜歡畫畫。有一次她跟一位畫家提出想要學畫畫的請求，那位畫家只是給了她幾塊畫

布，就讓她隨意去畫。但她不捨得用這些畫布，便在木板上畫了一幅畫，她畫的是一匹馬，馬上坐著一個小女孩。

當朋友看了她畫的馬後十分讚嘆，誇她的畫比畫廊裡展出的畫還好。她聽後十分高興，之後不斷學習繪畫知識，但是後來畫出的畫卻沒有得到朋友的讚賞。而當她再看自己的第一幅畫作時，發現畫上的缺點太多了，構圖、比例、色調等，幾乎沒有一點符合作畫的要求，這時她才發現，她已經失去了當初的創造力。雖然她還在畫畫，而且感覺自己在進步，但是她的畫已經在遵循一種理論，她終於明白那個畫家只是送她畫布，但並不指導她作畫的原因了。不給任何建議，就是不想束縛她的創造性思維。

我們是該為蘭格高興呢，還是為她失去了在畫畫方面的創造力而難過呢？這個故事告訴我們，知識並不是越多越好，知識可以幫助我們成功，但它卻不是獲得成功的主要因素。如果我們有一顆想要成功的心，那麼我們就一定會成功，因為夢想的力量是無窮的。

有翅膀，不一定能飛翔；有知識，不一定能成功。只有擺脫思維束縛，發揮我們的想像力和創造力，我們才能與成功為伴。思維定見的表現十分明顯，那就是當我們想要解決某一問題時，立刻會在腦海中搜尋類似的問題及答案，這就是在束縛我們的想像力和創造力。因此我們應該努力糾正這一毛病，當所有經驗和知識不斷湧現出來時，我們要學會徹底放棄，然後重新尋找一個答案，一個和之前所有答案都不相同的新答案。當我們可以積極發揮想像力和創造力時，我們就可以得到無數新答案，這些答案能夠讓我們破解世上所有的難題，讓我們越飛越高。

哈佛小測試

有一個預言家被國王判了死刑，國王對預言家說：「聽說你預言很準，如果你今天預言對了，我就燒死你，如果你預言錯了，我就毒死你。」預言家聽了國王的話，隨口說了一句話，就是這句話挽救了預言家的性命，國王也沒能處死他，你們知道預言家說了什麼嗎？

結果分析

預言家說：「你將毒死我。」如果預言對了，國王會燒死他，矛盾；如果預言錯了，國王會毒死他，矛盾。因此國王沒能處死他。

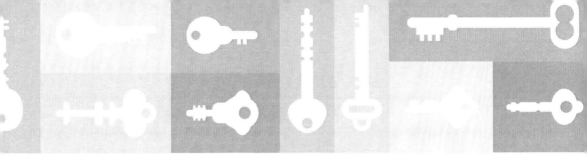

第七章
1＋1＞2：
做一個會說話、懂交際的「團隊人」

　　成功源自一個團隊合作的力量所創造，因為世界上沒有完美的個人，只有完美的團隊。所以，在學習生活中，當遇到遠遠超出自己能力或精力承受範圍的難題時，應該想到藉助團隊力量來完成，這樣會達到事半功倍的效果。

成功 30% 靠自己，70% 靠別人

凡是經過考驗的朋友，就應該把他們緊緊地團結在你的周圍。

—— 莎士比亞

「一個人只是單翼天使，兩個人抱在一起才能展翅高飛。」這句話出自哈佛學子、微軟 CEO 史蒂夫‧鮑爾默（Steve Anthony Ballmer）之口。這句話告訴人們，如今的時代是競爭的時代，是優勝劣汰的時代，但同時也是合作的時代，成功要靠個人奮鬥，但唯我主義要不得，合作才能助你成功。

重視合作的力量毫無疑問，個體力量與群體力量相比都是很小的、有限的。如果在自力更生的基礎上，有選擇地藉助外界的力量，形成合力，為我所用，那麼，競爭實力就會倍增，抵制各種風險的能力也會顯著增強。

有個人想知道天堂和地獄究竟有什麼區別，於是便向上帝求教。

上帝對他說：「好吧，我們先看看什麼是地獄。」於是，上帝把他帶進一個房間，那裡有一群人正圍坐在一小碗肉湯前。但是，每個人看起來都面黃肌瘦，一副飢腸轆轆的樣子。那人仔細一看，雖然他們都拿著一支可以勾到鍋裡的湯匙，但湯匙的柄卻比他們的手臂還要長，根本無法將食物送進嘴裡，就這樣，他們只能眼睜睜地看著一鍋香噴噴的肉湯哀嘆，在飢餓帶來的死亡面前，他們神情十分悲苦。

「來吧！我們再來看看什麼是天堂。」看過地獄之後，上帝對那個人說。

他們又走進另一間房屋，和第一個房間完全相同：一鍋湯、一群人、一樣的長柄湯匙。但是這裡的每個人都顯得很快樂，吃得飽，睡得香，一個個滿面紅光，精神抖擻。

那個人感覺很奇怪，但他仔細一看，就明白了其中的原因：原來他們都將自己湯匙裡的湯送到對面人的嘴裡，在相互幫助中，每個人都喝到了美味可口的肉湯。

合作才能雙贏。能不能伸手去餵別人，能不能互相幫助，就造成了天堂和地獄之間的差別。

美國奇異公司歷史上最年輕的董事長韋爾奇（Jack Welch）說過：「要實施成功的管理，管理者不應一個人唱獨角戲，而是要讓大家一起唱，要牢記集體的力量。」的確，在這個合作的時代，如果青少年還一直停留在個人英雄的時代，那樣只會讓自己偏離成功的軌道越來越遠，我們看看那些諾貝爾獲獎者就會知道，合作獲獎的占三分之二以上。在諾貝爾獎設立的前 25 年，合作獎占 41%，而現在則躍居 80%。

哈佛人告訴我們：透過合作可以使我們利用他人之力來壯大自己，合作可以使雙方的優勢互補，並使各自的能力產生相乘的效果，從而能創造更大的利益。所謂「金無足赤，人無完人」，但團隊是可以完美的。一個人的力量總是有限的，成功 30% 靠自己，70% 靠別人。沒有團隊合作，成功在今天可能只是一句空話。

1960 年代，紐約柯達公司的老闆威廉・波思在記者會上宣布，他們公司推出了一種大眾型照相機新產品 —— 袖珍型全自動照相機。據波思的介紹，這種照相機像用鉛筆一般操作簡單。波思還說，這項新產品是柯達公司花了十年時間，傾注了大量的財力研究成的。但他們並不想獨

占它的專利，而想無償地提供給全美每一個製造廠商。

在一般目光短淺者看來，波思愚不可及。自己花十年工夫研究成功的專利產品，卻要讓他人去使用，這不是給自己平添許多競爭對手嗎？讓他們去賺本該波思自己賺的錢嗎？

但波思並不這樣想。他的思路是柯達專利的擴大，即是照相機市場的擴大。人們擁有的照相機多了，對底片的需求也會大增，而這對於底片巨人的柯達來說也就是市場的擴大。不錯，別的廠商會因此而大賺其錢，會占去一部分市場，但在波思看來，市場是巨大的，而單憑柯達，是難以開啟更廣大的照相機市場的。柯達公司的專利產品，讓照相機廠商共同來擴大市場，這也就同時給柯達開闢了廣大的市場。

柯達固然以全自動照相機作為重點產品，但同時生產的 200 種底片，感光紙達 300 種以上，還有約 350 種照相用的化學製品，一年當中生產的底片長度可達 80 萬英里，等於地球與月球之間往返的長度。

這樣大的生產量，當然需要更廣的市場。柯達對市場的基本態度是抱著「多一個人也好」的宗旨。各公司共同擴展市場，柯達不僅不受影響，反而隨之擴大。尤其是彩色底片，柯達的世界市場占有率一度高達90％。

上面的故事給了我們這樣一個啟示：成功源自一個團隊合作的力量所創造，因為世界上沒有完美的個人，只有完美的團隊。身為青少年，絕不可忽視團隊合作的力量。個人的力量再強大，總是有極限的，所以當在學習生活中遇到遠遠超出自己能力或精力承受範圍的難題時，應該想到藉助團隊力量來完成，這樣會達到事半功倍的效果。

哈佛小測試

你害怕寂寞嗎？

終於搬到了夢寐以求的鄉間小木屋，這時體貼的好友想在木屋外最適合觀賞日落的位置，買一張休閒的長椅給你，你想這椅子會是什麼樣子的呢？

A. 藤編涼椅。

B. 古樸的長椅。

C. 懸掛像是鞦韆的椅子。

結果分析

選擇 A：你是一個很怕寂寞的人，只要一寂寞就會忍不住，什麼悲傷的情緒都上來了，把自己弄得多愁善感的樣子。其實人生就是這樣，你也不必想得這麼多，快樂點過日子吧。

選擇 B：你是可以自己獨處的人，甚至很享受這種感覺。只是你很容易被回憶所苦，雖然平時就像個陀螺一樣打轉，可是一旦思潮沉澱，就會為從前的種種感到無比的唏噓。哎……放輕鬆點吧。

選擇 C：一個人獨處的時候，你最常做的事就是發呆，不然就是在那裡沒事東想西想，你很能沉醉在自己的幻想世界之中。你是一個性情中人，可能為任何事感動得痛哭流涕，不過偶爾流流淚對身體也是有益的噢。

無論何時，一定要讓 1＋1＞2

一名偉大的球星最突出的能力就是讓周圍的隊友變得更好。

—— 麥可‧喬丹（Michael Jordan）

在哈佛的行銷課堂上，24 歲的薩曼莎有幸聽到的一個故事，改變了她傳統的看法，並且影響了她的一生。這個故事是這樣說的：

「二戰」時期，納粹在奧斯威辛毒死了幾十萬人，而一對父子倆卻幸運地活了下來。這位猶太人對他的兒子說：「現在我們唯一的財富就只剩下智慧了，記得當別人說一加一等於二的時候，你應該想到大於二。」

1946 年父子倆來到美國休士頓做銅器生意。一天，父親問兒子一磅銅的價格是多少？兒子答 35 美分。父親說：「對，整個德克薩斯州都知道每磅銅的價格是 35 美分，但身為猶太人的兒子，應該說 35 美元，你試著把一磅銅做成門把手看能賣多少錢？」

20 年後，父親死了，兒子獨自經營銅器店。兒子始終牢記著父親的話，一次，他找到了奧運的獎牌製作委員會，便與他們開始了合作，由此，他終於將他的一磅銅賣到 3,500 美元。

猶太商人之所以能成為世界上最為成功的商人，這完全歸功於猶太人這種超凡的經商智慧，也就是一加一大於二的智慧。身為新時代的青少年，也應該像那位猶太商人一樣，當別人說一加一等於二的時候，你應該想到大於二。那麼我們該如何實現一加一大於二呢？最好的捷徑就是要學會合作，懂得雙贏。

有兩位旅行者在茫茫的戈壁灘上迷失了方向，飢餓、疲憊把他們折

磨得不成人樣，隨時都有倒下的可能，冥冥之中，出現了一位老者，老者告訴這兩位旅行者，他有兩樣東西可以挽救他們的性命：一筐魚、一支魚竿，他們可以選擇其中的一件，幫助他們度過難關，其中一人選擇了魚、一人選擇了魚竿，選擇魚的旅行者原地生火烤魚，以拒絕飢餓的折磨，另一個則拿著魚竿朝遠方走了。

後來，人們發現選擇一筐魚的旅行者餓死了，選擇魚竿的已經看到湖泊了，但是飢餓榨盡了他最後一絲力氣，他死在離湖泊幾千公尺遠的地方。再後來，同樣的經歷又發生在兩位旅行者的身上，可是最後他們成功脫險了，這是因為他們懂得團結合作，兩個人一起享用那一筐魚，一起利用魚竿尋找食物。這便是合作的力量。

哈佛的教授常常會對學生說：「當今社會有兩種人最為可悲：一種是不會學習的人，另一種是不會合作的人。」有一首歌叫眾人划槳開大船，只要我們有一個共同的目標，任何人都是我們需要團結的對象，只有齊心協力，團結合作，才能到達成功的彼岸。合作是 1 ＋ 1 ＞ 2 的相處之道，一隻螞蟻的力量是微不足道的，一群螞蟻的力量卻是不可忽視的。

在湯姆家的廚房裡，一到晚上就發出窸窸窣窣的聲音。第二天，湯姆就會發現地上有一顆破掉的蛋。不用說，這一定是老鼠的傑作。有一天晚上，湯姆決定躲在廚房等老鼠出現。當晚，湯姆知道了事情的真相 —— 兩隻老鼠以難以置信的方式把雞蛋偷走了。

湯姆看見第一隻老鼠躺在地上，第二隻老鼠把蛋推到第一隻老鼠的肚子上，第一隻老鼠便用四肢把蛋夾緊，然後，第二隻老鼠就咬著第一隻老鼠的尾巴，連鼠帶蛋地拖回洞裡去……見到這一幕景象，湯姆都驚呆了，完全忘了要打老鼠。

我們知道，世上最雄偉的植物是美國加州的紅杉。紅杉的高度大約是 90 公尺，相當於 30 層樓的高度。科學家深入研究紅杉後，發現了許多奇特的事實。一般來說，越高大的植物，它的根基應扎得越深。但紅杉的根只是淺淺地埋在地下而已。理論上，根扎得不夠深的高大植物，是非常脆弱的，只要一陣大風，就能將它連根拔起。紅杉為何能長得如此高大，且屹立不倒呢？原來，紅杉都是成片生長的。一大片紅杉的根彼此緊密相連，一株連著一株。自然界中再大的颱風，也無法撼動幾千株根部緊密連結、面積超過上千公頃的紅杉林，除非颱風強到足以將整塊地皮掀起。

我們追求成功也是同樣的道理，只有形成了雙贏的思考模式，才能成為別人樂於合作的對象。生命的河流總是曲曲折折，人生的路也不免坎坎坷坷，困難就像一塊巨大的攔路石擋在你必經的路途上。獨木難成林，一人難為眾，單憑自己的力量不能動它分毫。此時，唯有合作，才能產生更大的力量。

哈佛小測試

有一隻猴子在樹林採了 100 根香蕉堆成一堆，猴子家離香蕉堆 50 公尺，猴子打算把香蕉揹回家，每次最多能背 50 根，可是猴子嘴饞，每向家的方向走一公尺要吃一根香蕉，問猴子最多能揹回家幾根香蕉？

答案

　　25 根。先捎 50 根到 25 公尺處，這時，吃了 25 根，還有 25 根，放下。回頭再捎剩下的 50 根，走到 25 公尺處時，又吃了 25 根，還有 25 根。再拿起地上的 25 根，一共 50 根，繼續往家走，一共 25 公尺，吃了 25 根，還剩下 25 根。

信任，結交摯友的黃金法則

　　你信任人，人才對你忠實。以偉人的風度待人，人才表現出偉人的風度。

—— 愛默生

　　在哈佛有這樣一句名言：「彼此信任是良好人際關係的基礎。」在這個世界上，人人都厭惡虛偽和欺騙，嚮往人與人之間的真誠與信任。信任是人們交往與合作的前提，也是我們社會得以有秩序、和諧運轉的前提。如果你仔細觀察我們周圍的人和事，並且把人們對他人的信任程度與他們在生活中的成功大小相比較，你就會發現那些老實人、涉世不深的人，那些認為別人都像自己一樣誠實的人，比疑心重的人生活得更加美滿，更加充實。即使他們偶爾受騙，也同樣比那些誰也不信的人幸福。

　　在煙波浩淼的大西洋上，一艘貨輪緩緩地向前行駛。在船尾做雜務的黑人小孩安迪不小心跌落大海。他大聲地呼喊救命，可是風大浪

急，他的聲音完全被淹沒了，最後只能眼睜睜地看著貨輪拽著浪花越來越遠。

安迪並沒有放棄求生的希望，他在水裡拚命地游，他揮動著瘦小的雙臂，努力使頭伸出水面，睜大眼睛盯著輪船遠去的方向。船越來越遠，到後來，什麼都看不見了，只剩下一望無際的汪洋。

安迪力氣也快用完了，實在游不動了，他覺得自己要沉下去了。放棄吧，他對自己說。這時候，他想起了老船長，不，船長知道我掉進海裡，一定會來救我的！我不能放棄。安迪鼓足勇氣用生命的最後力量又朝前游去……

船長終於發現安迪失蹤了，當他斷定孩子是掉進海裡後，就下令返航，這時船員說：「這麼長時間了，就是沒有被淹死，也讓鯊魚吃了。」

船長猶豫了一下，還是決定回去找。又有船員說：「為一個黑人孩子，值得嗎？」

船長大喝一聲：「你們給我住嘴！」

終於，在安迪就要沉下去的最後一刻，貨輪又回來了，被救起的安迪甦醒後，跪在地上感謝船長的救命之恩，船長扶起安迪問：「孩子，你怎麼能堅持這麼長時間？」

安迪流著眼淚說：「我知道您會來救我，一定會的！」

「怎麼知道我一定會來救你呢？」

「因為我知道您是那樣的人！」

聽到這裡，白髮蒼蒼的船長淚流滿面：「孩子，不是我救了你，而是你救了我啊！我為我在那一刻的猶豫而感到羞恥……」

人的信任會產生一種力量，被人信任是一種幸福。那麼信任是什麼呢？信任是在沒有隔閡的時候，還彼此相信；更是在危難當前的時候，還依然深信不疑，這才是真正的信任。社會學家盧曼（Niklas Luhmann）說：「信任是為了簡化人與人之間的合作關係。」也就是說有了信任，人與人之間的關係才可以變得簡單。青少年應該學會做一個值得他人信任的人，更應該學會去信任他人。

哈佛心理學教授勞瑞（Laurie Santos）曾和自己的學生做過這樣一個實驗。他讓同學們前後站成兩排，然後命令後一排的同學做好救助準備，待他喊了「開始」之後，前一排同學就往後一排相對位置的同學身上倒，他說：「前面的同學別有顧慮，要盡力往後倒。好，開始！」

前排的同學只是覺得有些好玩，他們按照勞瑞教授的指令，身子一點點向後傾斜，但是，大家明顯地暗自掌握著身體的平衡，並不敢一下子倒向後排的人。

可是，這裡面有個例外──一位男生在聽到心理學教授的指令之後，緊緊地閉上了雙眼，十分真實地向後面倒去。他的搭檔是一位小巧玲瓏的女生，當她感到他毫不猶豫倒過來時，先是微微一愣，接著就傾盡全力去抱住他。看得出，她有些力不自勝，但卻倔強地抿緊了雙唇，似乎誓死也要撐住他……她成功了。

勞瑞教授笑著去握他倆的手，告訴大家說：「他倆是這次實驗中表現最為出色的人。這位男生為大家表演了『信任』──信任是什麼呢？信任就是去除心中的猜疑和顧忌，完全地相信別人。這位女生為大家表演的則是『值得信任』──值得信任，其實是信任催開的一朵花，如果信任的春風吝於吹送，那麼，這朵花就有可能遺憾地夭折在花苞之中，永

遠也休想獲取綻放的權利；當然，如果信任的春風吹得溫暖，吹得和暢，那麼，被信任的人就被注入了一種神奇的力量——就像你們看到的那樣，一個弱不禁風的女生可以撐住一個虎背熊腰的男生，一隻充滿了愛意的手可以托舉起一個美麗多彩的世界。同學們，值得信任是幸福的，而信任他人是高尚的。讓我們先試著做高尚的人，然後再去做幸福的人吧。」

只有相信別人，才能與別人更好地合作。相信別人可以驅散我們心頭的猜疑和顧忌，學會信任別人，並且努力讓自己變得值得信任，我們與他人的交往和合作就會變得更順利。

當然，信任不會在憑空的夢幻中產生，也難在乞求恩賜中獲得，首先自己要有被人信得過的地方。就是說別人的信任之光只能從你自己的言行這個「光源」中產生。因此，坦誠、不加掩飾地再現自己本來面目，才是獲得信任的基礎。注意，與人交往，能把自己「推銷」出去，是有膽有識之舉。你得適度地暴露自己，讓人們一定程度地注意你，這樣就有希望找到釋放能量和獲得信任的機會。若躲躲閃閃，明槍暗箭，故作姿態，忸忸怩怩，給予人捉摸不透的感覺和模模糊糊的印象，那別人是很難確定信任的意向，向你投擲信任的砝碼的。所以，如實地表現自己，是取信於人的基石。

梭羅（Henry David Thoreau）說：「偉大的信任產生在偉大的友誼之上，友誼是信任的基礎。」青少年應該知道，信任是一縷陽光，可以溫暖他人的心靈；學習中的信任，可以讓一個人積極向上；生活中的信任，可以鼓勵一個人向樂觀出發；社會中的信任，可以鼓勵一個人向成功邁進。

哈佛小測試

別人對你的信任有多少？也許你自己也不知道，一起來測測吧：如果要你去參加最熱門的裸體瑜伽，你最在意的是什麼？

A. 怕自己不能放鬆。

B. 怕別人不能專心。

C. 怕自己的身材被人批評。

結果分析

選擇 A：你說的話，別人都會自動打折扣。因為愛面子又常誇大事實的你常讓人搞不清你的話，哪句是真，哪句是假，對你說的話總是半信半疑：這類型的人很孩子氣，常常會開玩笑，因此常常搞到大家對他講的話都半信半疑。

選擇 B：你說的話，別人基本上不當回事。因為天性喜歡開玩笑的你說話沒半句正經，你說的話大家只當笑話聽聽，根本沒任何可信度：這類型的人越天馬行空越開心，而且常常會弄一些緊張的情況去驚嚇朋友，久了之後大家都會認為他完全沒有可信度。

選擇 C：你說的話，別人是百分百信服。因為做人有原則又懂分寸的你會對自己說出來的話負責，所以只要是從你嘴裡說出的話大家都會從心眼裡相信：這類型的人在專業的領域中有自己的堅持和原則，他會對自己說出來的任何話負責任，因此大家聽了他的話都覺得可信度很高。

學會從對方的角度考慮問題

我們平等地相愛，因為我們互相了解，互相尊重。

—— 托爾斯泰（Leo Tolstoy）

勞倫斯・薩默斯（Lawrence Summers）是哈佛的眾多校長中，任職時間最短的一位，不是因為他的能力不夠，資歷不強，而是由於他不能站在學生的立場上思考問題，常常「信口開河」，終於在教職員的「反對」聲中，不體面地「被迫辭職」了。

在美國，薩默斯算是一位赫赫有名的人物。他 28 歲時獲哈佛大學哲學博士學位；1982 年至 1983 年在總統雷根（Ronald Reagan）經濟顧問委員會任職；1983 年至 1993 年受聘為哈佛大學經濟學教授，並且成為哈佛大學現代歷史上最年輕的終身教授；1991 年至 1993 年在世界銀行貸款委員會擔任首席經濟學家；1991 年至 2001 年擔任柯林頓（Bill Clinton）政府第 71 任財政部長。2001 年，47 歲的薩默斯接任哈佛校長，由於他一向行事隨意，不願站在對方的立場上思考問題，說話時喜歡「信口開河」，曾在公開場合說出「女性先天不如男性」的話，這種被斥為「性別歧視」的論調，直接引爆了哈佛大學一場「反薩默斯風」，導致他與同事的關係緊張，嚴重影響哈佛的團隊精神，於是哈佛的教職員紛紛向薩默斯投下不信任票，在教職員輿論的壓力下，薩默斯只好主動辭職。

那些自以為是、目中無人，從不站在對方立場上思考問題的人，遲早要栽跟頭。而那些做事處處為他人著想，不僅能為自己獲得好名聲，為周圍的人所敬重，更能使自己擁有一個謙虛、平穩的心態。

生活中，有時會發生這種情形：對方或許完全錯了，但他仍然不以

為然。在這種情況下，我們不要指責他人，因為這是愚人的做法。我們應該了解他，善於從他人的角度考慮問題，只有這樣才能更好地解決問題，化解一些不必要的麻煩。

我們要找到對方為什麼會有這樣的思想和行為，其中一定有一些我們不知道的原因。探尋其中隱藏的原因，我們便能了解他人行為的原因。我們只有這樣才能和別人站在一起，以別人的心態來了解問題，解決問題。假如我們都能設身處地為別人著想，遇到問題時對自己說：「如果是我處在他當時的困難中，我將有何感受，有何反應？」這樣我們會省去很多的時間與煩惱，也可以增加許多處理人際關係的技巧。

20 世紀最偉大的心靈導師和成功學大師卡內基，曾經在一家飯店租了一間大舞廳用來講課。有一天，他突然接到通知，說他必須付出比以前高出三倍的租金才能繼續使用舞廳。

當時，卡內基並沒有拿出相關的法律依據去找舞廳經理據理力爭，而是換了一個角度，找到經理後對他說：「我接到通知，有點驚訝，不過這不怪你。因為你是經理，你的責任是盡可能盈利。」緊接著，他為經理算了一筆帳，如果將禮堂用以舉辦舞會或者晚會，當然會獲大利，「但你趕走了我，也等於趕走了成千上萬有文化的中層管理人員，而他們光顧貴處，是你花錢也買不來的活廣告。那麼哪樣更有利呢？」這樣一來，卡內基巧妙地將問題從自身的利益出發轉換到了從對方的利益出發，從而成功說服了那位經理。

生活中，每個人都有這樣的體驗：當你站在鏡子跟前，你笑，鏡中人亦對你笑；你皺著眉頭，鏡中人也衝你皺眉。不管你是否意識到，在人際交往中，同樣存在著這種「鏡子效應」。心理學規律表明，人們之間

的言行總是以善報善，以惡報惡的。在與他人交往時，我們時常發覺，我們加之於對方身上的言行，又被對方轉加至你的頭上了，這情形就如同你站在鏡子跟前一樣。

站在對方的立場上思考問題，就是換個角度，換種心態，去面對身邊的人和事。這並不是簡單的阿Q式的自欺欺人，而是因為在積極心態下解決問題遠比在消極狀態下有利。哈佛的心理學家也認為，換個角度思考問題，你可以使自己獲得一種心理上的平衡，而在這種心理平衡的狀態下，我們看問題和處理問題都會比較理智。當我們換個角度，站在別人的角度看問題的時候，往往可以更好地說服別人，達到自己的目的。

哈佛小測試

你是否懂得換位思考？題目：朋友邀請你一起參加小組活動，你會參加下列哪一項呢？

A. 外出觀光旅遊。

B. 寫作、手工製作、個人才藝表演。

C. 化妝美容知識講座。

D. 參加與環境汙染，自然破壞有關的研討會。

結果分析

選擇A：你屬於鼓勵性：你天生性格開朗，對那些痛苦不堪、意志消沉的人，你會對他們說「沒什麼大不了的，明天會更好」以此來安慰鼓

勵對方。但是,你不擅長深入談話,對對方的痛苦不夠重視,不算是一個好的傾訴對象。

選擇 B:你屬於沒有偏見的貼心型:你性格溫柔心思細密,尤其能夠體驗那些心靈脆弱遭遇不幸的人。你的同情不是強者的施捨,而是完全沒有偏見的純真感情,所以你能夠理解那些因得不到社會認可而痛苦不堪的人。不過,當遇到比自己幸福的人時,你或許會心生妒忌。

選擇 C:你屬於善於誇獎別人,增強他人信心的人:你很會誇獎別人,善於發現對方的優點,並且能夠透過口頭的誇獎令對方信心百倍。「你完全能夠做到」、「加油吧」之類的話,可以使對方鼓足幹勁,信心十足。但是,你總是很強勢,不會同情那些喜歡爭強好勝卻又沒有能力的人。

選擇 D:你屬於鐵面無私型:你為人正直,能夠一視同仁。但是,也因為如此,你不能理解別人的心情與內心感受,比如你會說「大家都能承受,你也應該努力承受」之類的話。但往往因為你過於強調集體利益,而容易忽略個人的感受。

會讚美的人走到哪裡都受歡迎

你要欣賞自己的價值,就得給世界增添價值。

—— 歌德

1975 年的母親節,當時正在哈佛大學讀二年級的比爾蓋茲(Bill Gates)寄給他媽媽一張賀卡。在卡片上,比爾蓋茲用斜體英文寫著這樣

一段話：「我愛您！媽媽，您從來不說我比別的孩子差；您總是在我做的事情中，不斷尋找值得讚許的地方；我懷念和您在一起的所有時光。」從這張問候卡上，我們能感覺到，這位創造了微軟神話的億萬富翁，從他母親那兒得到了最珍貴的禮物 —— 讚美。

哈佛學子林肯說：「人人都喜歡受人稱讚。」讚美是我們樂觀面對生活所不可缺少的，是我們自信、自我肯定的力量泉源，更是人際關係的潤滑劑。讚美不僅是一種美德，更是一門學問，當我們需要尋求幫助時，讚美可以令他人欣然答應我們的請求；當我們需要表達意見時，讚美會讓他人更願意傾聽我們的看法和建議。學會讚美他人，以欣賞的目光去看待他人，能使我們心胸開闊，與他人建立更和諧的人際關係。

塞爾瑪夫人家僱了一個新的女傭，這個女傭從下星期一開始正式上班。為了更好地了解這個女傭的情況，塞爾瑪夫人給女傭的前僱主打了一個電話，詢問道：「這個女傭怎麼樣？」沒想到，從前僱主那裡得到對女傭的評價，居然是貶比褒多。

塞爾瑪夫人心裡有了主意。很快就到了星期一，女傭來了，塞爾瑪夫人對她說：「貝絲，幾天以前，我打電話請教了你的前任僱主，她告訴我說，你為人很老實可靠，而且，還煮得一手好菜，帶孩子也十分細心，唯一的缺點就是打掃有點外行，總是將屋子弄得髒兮兮的。聽了這樣的評價，我想這位僱主的話似乎並不可信，今天，我看見了你的穿著，發現你是一個十分愛乾淨的人，我相信這是你的習慣，你肯定會將家裡打掃得乾乾淨淨，而且，我們會相處得很愉快的。」聽了塞爾瑪夫人的話，貝絲的臉漲紅了，她在心裡暗暗發誓：以後一定要在這裡好好做。

後來，貝絲與塞爾瑪夫人相處得非常愉快，貝絲將房間整理得井然

有序、一塵不染，而且，工作十分勤奮，寧願自己加班，也不會耽誤家務工作。塞爾瑪夫人看見了，笑著點點頭。

讚美能令一個人將自己所有的優點都展現得淋漓盡致，塞爾瑪夫人的讚美令貝絲感到愉悅，而這樣一份美好的心情很快就展現在工作中。正如人際關係專家卡內基所說：「喜歡被人認可，感覺自己很重要，是人不同於其他低等動物的主要特性。」世界上最美好的聲音就是讚美，最好的禮物也是讚美，成功的讚美能給人帶來愉悅，能使人受到鼓舞。

卡內基在《人性的弱點》（*How to Win Friends and Influence People*）一書中記錄了一次讚美別人的實際行動：

那次，他到紐約的一家郵局寄信，發現那位負責掛號信的職員對自己的工作似乎缺乏熱情。於是卡內基暗暗地對自己說：「卡內基，你要使這位仁兄高興起來，要他馬上喜歡你。」同時，卡內基想到要讓別人喜歡自己的最好辦法，就是說些關於他的好聽的話。他邊想邊打量那位職員，很快就找到了可供讚美的地方。

卡內基微笑地看著那位職員，很誠懇地對他說：「你的頭髮太漂亮了！」

那位職員有些驚訝地抬頭看卡內基，但是很快他的臉上就露出無法掩飾的微笑，並且謙虛地說：「哪裡，不如從前了。」

卡內基接著他的話說：「這是真的，簡直像是年輕人的頭髮一樣。」

正是因為卡內基恰到好處的讚美，對方感到高興極了。於是邊處理郵件邊和卡內基愉快地交談。因此，在現實生活中，青少年要善於運用讚美的力量，主動真誠地發現別人的優點，並且給予恰當的讚美，這樣你會發現你比以前要受歡迎多了。因為，真誠的讚美會讓別人的潛力得

到更好的發揮。

在哈佛，幾乎每一位教授都熱衷於讚美學生，因為他們知道，只有這樣，學生才會樂於聽自己說話。每個人都有優點，當你發現了別人的某個優點，就大膽地用真誠大方的語氣把你的讚美說出口，實事求是而不是刻意誇張的讚美，還可以對別人造成一種督促作用，為了不辜負你的讚揚，他會盡力表現得更加出色。

在現實生活中，每個人都渴望得到他人的讚美，因為每個人內心都希望自己所付出的努力可以被別人看見，自己所獲得的成績能夠被別人肯定。習慣讚美他人的人，總能夠成為社交場上的主角，因為大家都樂於聽他們說話。在日常交際中，讚美的語言能讓越來越多的人喜歡聽自己說話，畢竟誰都喜歡聽讚美的話。不僅如此，在日常生活中，讚美還能夠增強一個人的自信。

哈佛心理學、哲學教授威廉·詹姆斯曾經說過：「人性最深刻的原則就是希望別人對自己加以賞識。」所以，在與人交往的過程中，適當的讚美，是對他人價值的肯定，可以幫助他人增加成就感，有利於增進彼此和諧、溫暖、美好的感情，改善人際關係。

哈佛小測試

從讚美看你事業選擇：這裡有一對男女在交談著，女孩正在微笑，那麼在你眼中這位男士到底對這女孩說了什麼？

A. 你真是面面俱到而且真聰明。

B. 你真是活潑大方。

C. 你的品味真好，你總是打扮得漂漂亮亮呀。

D. 你真是溫柔呀。

結果分析

選擇 A：熱情、感動型 —— 你是一個能明明白白地表示自己好惡的人，因你從不忌諱談論自己的情感，所以在別人眼中是個熱情家。對於自己渴望的事物會積極努力爭取，越難達成越想去完成，不喜歡因循守舊的生活方式，若自己創業或是自由業，定能如魚得水般快樂。

選擇 B：謹慎、安全型 —— 你是一個常有不切實際發言的人，可是當事情發生須做決定時卻又表現相當保守的人，但是，會忠實努力去完成被交代的任務，在公司及家中會得到長輩喜愛，絕不會為了自己的意見去反抗長輩。

選擇 C：反抗、叛逆型 —— 當你被人指使去做事時，絕不會好好去完成。非常討厭一般大眾化，在創造上非常有才華，對於自己認為對的事，絕不輕易放棄，會戰鬥到底。

選擇 D：合理、知性型 —— 你可能會被朋友認為是一個非常冷酷、無情的人，因為你對任何事都很少有反應過度的表現，如大哭大叫。因為當你遇到事情時，通常你都會從各種角度去分析、整理，再做決定，也不會被感情左右判斷，很適合從事教職員或司法行政相關的工作。

學會傾聽 —— 會說不如會聽

要做一個善於辭令的人，只有一種辦法，就是學會聽人家說話。

—— 莫里斯（Jan Morris）

哈佛的學子一直堅持這樣一個觀點：做一個好的聽眾，鼓勵他人談論他們自己和他們所知道的一切，這樣你會在人際交流中受到更多人的喜歡。

知道人為什麼只長了一張嘴巴卻有兩隻耳朵嗎？那是在告訴人們：要多聽聽別人在說什麼。我們每一個人了解世界、了解他人、了解事情的真相，不能只靠自己的眼睛，還應該用耳朵從他人那裡了解我們無法看到的事物，從而避免認識上的偏差，因此，我們解釋世界、評價他人和評估事情，不能只靠自己的嘴巴，還應該用耳朵去傾聽，從他人那裡獲得不同的想法，以避免主觀偏見。

善於傾聽的人總是善於理解和溝通的。當一個為成功而喜悅的人面對一個微笑著傾聽的朋友時，他會感到這位朋友是理解他的，也是為他而高興的。當一個因失戀而愁眉苦臉的人面對一個表情凝重而專注、耐心傾聽的朋友時，他會感到朋友能理解自己的痛苦，雖然朋友沒能提出如何重獲愛情的好建議，但他已感到自己得到了一點心理依靠。

在尼爾看來，馬庫斯是他見到的最受歡迎的人士之一。平時馬庫斯總能受到朋友的邀請，經常有人請他參加聚會、共進午餐、擔任俱樂部或國際扶輪社的客座發言人、打高爾夫球或網球。這讓尼爾很是羨慕。

有一天晚上，尼爾碰巧到一個朋友家參加一次小型社交活動。他發現馬庫斯和一個漂亮女孩坐在一個角落裡。出於好奇，尼爾遠遠地觀察了一段時間。尼爾發現那個年輕女孩一直在說，而馬庫斯好像一句話也

沒說。他只是有時笑一笑，點一點頭，僅此而已。幾小時後，他們起身，謝過男女主人，走了。

第二天，尼爾見到馬庫斯時禁不住問道：「昨天晚上我在斯旺森家看見你和最迷人的女孩在一起，她好像完全被你吸引住了。你是怎麼抓住她的注意力的？」

「很簡單。」馬庫斯微笑著說。原來，昨天晚上斯旺森太太把喬安介紹給馬庫斯，他只是對她說：「你的皮膚晒得真漂亮，在冬季也這麼漂亮，是怎麼做的？你去哪兒呢？阿卡普爾科還是夏威夷？」

「夏威夷。」她說，「夏威夷永遠都風景如畫。」

「你能把一切都告訴我嗎？」馬庫斯說。

「當然。」喬安回答。他們就找了個安靜的角落，接下去的兩小時喬安一直在對馬庫斯談夏威夷。

「今天早晨喬安打電話給我，說她很喜歡我陪她。她說很想再見到我，因為我是最有意思的談伴。但說實話，我整個晚上沒說幾句話。」馬庫斯很坦誠地對尼爾說。尼爾還是很疑惑，馬庫斯受歡迎的祕訣到底是什麼呢？其實很簡單，馬庫斯只是讓喬安談自己。他對每個人都這樣──對他人說：「請告訴我這一切。」這足以讓一般人激動好幾個小時。人們喜歡馬庫斯就因為他注意他們。

的確是這樣的，每個人都有一種渴望別人尊重或重視自己的願望，而受到重視的最基本條件是願意認真地傾聽，所以當你自認為理解朋友的時候，先得問問自己：「我能專心地傾聽朋友的話嗎？」

即使是一些平淡無奇的庸人之語，對說的人來講，可能也是重要的。

　　善於聽別人說話有時比注意自己講話更重要。在交往過程中，擅長傾聽的人，在別人的心目中都會留下良好的第一印象。要做到「會聽」，首先，要有正確「聽」的態度，專心地聽對方談話，態度謙虛，始終用目光注視對方。其次，在聽的過程中，要善於透過身體動作和語言給對方以必要的回饋，做一個積極的聽眾。例如，聽話時適當地點頭「嗯」、「噢」、「是嗎？」、「真的嗎？」等表示自己確實在聽和鼓勵對方繼續說下去；思考對方所說的話以填補停頓時間；重新說一遍自己聽對方提到的內容等。最後，還要能夠巧妙地表達自己的意見，不要堅持與對方明顯不合的意見。因為幾乎所有的說話者都希望別人聽他說話，或者希望聽的人能夠設身處地為他著想，而絕不是給他提意見。同時，還要注意，不要輕易打斷或試圖打斷別人的談話。很多接受過心理諮商的人都會體驗到，一個好的心理醫生就是一個最好的聽眾。他們總是積極關注著你的發言，並且從不將自己的觀念強加到你的頭上。他們積極地誘導你，鼓勵你說出心中的苦悶、迷惘。他們為你的悲傷而悲傷，為你的快樂而快樂。

　　總之，我們在與別人說話時要注意積極傾聽，在交往之初就能加入到對方的談話中，並且察言觀色、隨機應變，給對方留下良好的第一印象。特別是對一個胸懷大志的青少年來說，應該養成高效傾聽的好習慣。用求知若渴的心去與人交往，從他人的點點滴滴言行中獲取真知。當你具備了這種態度時，你就會成為真理的朋友。

哈佛小測試

　　團隊當中你是個超級搞笑的人呢，還是一個安靜樂於傾聽的觀眾，或者是一個很努力逗樂卻只得到冷場的可憐人？

題目：化妝是件需要技巧的美容工作，技巧高超還能把恐龍變美女，甚至男子漢也能變身為美嬌娘。你認為哪一部位的臉部化妝，最具有決定性的影響呢？

A. 嘴部化妝。

B. 打全臉粉底。

C. 眉毛修飾。

D. 眼部化妝。

結果分析

選擇 A：在團體中，這類人很愛依靠別人，深信天塌下來有高個子頂著，大小事都不會主動去做，也容易搞不清狀況，有時真無知或裝無知太過離譜，也會被大家當成笑話來看。不少流傳在這類人活動團體裡的經典笑話，都是以他（她）的糗事，或是令人跌倒的言語為藍本，所以這類人也是團體中的爆笑製造者，不過可不是出於自願的喔。

選擇 B：這類人不是鎂光燈的焦點，比較善於去看別人搞笑，發自內心地去為他人鼓掌，很配合地笑到底，讓開心果得到回饋，表演得更來勁。一旦輪到他（她）被推上場，內容則是多走溫馨路線，大夥兒不會笑到在地上打滾，但是卻有讓大家笑中帶淚的力量，不時想起來還有一些感動餘味呢。

選擇 C：天生就愛搞笑的這類人，是團體裡的開心果，喜愛被人逗笑的樂趣，要是沒人上場逗大夥笑，他（她）就會開始擠眉弄眼，說笑話講八卦，還搬出說學逗唱的本事，葷素不忌，使盡渾身解數來逗樂大

家，看到大家笑到不支倒地，就是他（她）的歡喜源頭。

選擇 D：這類人表面冷靜，似乎神聖不可侵犯，更別提要搞笑，這是不可能的任務。在團體中，連拿他（她）來開玩笑大家都有所忌憚，更不敢老虎頭上拔毛，免得這類人翻臉，壞了大夥兒相聚的樂趣。

寬以待人實際上就是寬以待己

　　當你喜歡你自己的時候，你就不會覺得自卑；當你寬容別人的時候，你就不會感到自己和別人站在敵對的位置。能有這種感覺時，你即使仍然沒有很多的朋友，你也一樣會覺得滿意和心安理得了。

—— 羅蘭

哈佛教授曾經講了這樣一個故事：

在美國的一個菜市場裡，一個亞裔婦女的攤位生意特別好，這引起了其他攤販的嫉妒。於是，大家總是有意或無意地把自己門口的垃圾掃到她的店門口，亞裔婦人只是寬容地笑了笑，從來不計較，反而把那些垃圾都清掃到自己的角落。旁邊那位賣菜的墨西哥婦人觀察了好幾天，忍不住問道：「大家都把垃圾掃到你這裡來，你為什麼不生氣？」亞裔婦女回答說：「在我們國家，過年的時候，都會把垃圾往家裡掃，垃圾越多就代表會賺很多的錢，現在，每天都有人送錢到我這裡，我怎麼會捨得拒絕呢？你看我的生意不是越來越好嗎？」從那以後，那些垃圾就再也沒有出現過了。

哈佛學子、美國前總統林肯在別人批評他與敵人做朋友而不是消滅

他們的時候，林肯只是溫和地說：「當他們變成我的朋友時，難道我不是在消滅敵人嗎？」寬容是一種生存的智慧、生活的藝術，是看透了人生以後所獲得的那份從容、自信和超然，寬容本身就是一種圓融通達的智慧。懂得寬容的人，往往能夠洞明世事，凡事看得深、想得開、放得下，因為他們懂得「處世讓一步為高，退步即是進步；待人寬一分是福，利人實是利己」的道理。那些懂得寬容、能夠寬容的人總是給予人成熟與自信的力量，讓他人心生敬佩之意。

寬容是一種美德，懷有這種美德的人將會避免很多不必要的精神困擾，始終懷有愉悅的心情去生活；寬容是一種智慧，是一種博大的情懷。當我們試著去寬容他人的時候，其實，受益的是我們自己。寬容是做人的大度和涵養，同時，它是一種積極的生活態度和高尚的道德觀念，因為，它不僅展現著人性的仁愛，更展現著一種智慧的技巧。在任何時候，寬容都是一種智慧的境界，寬容展現著非凡的氣度，那種對人對事的包容和接納，是精神的成熟，是心靈的豐盈。懂得寬容的人，一定是令人敬仰的人，因為他懂得「對別人的釋懷，就是善待自己」。

這是發生在「二戰」期間的故事：

有一支部隊在森林中與敵軍相遇，經過了一場激烈的戰爭之後，有兩名戰士與部隊失去了連繫，兩名戰士只能相依為命。兩人來自同一個小鎮，他們在森林中艱難跋涉，互相安慰，可是，十多天過去了，他們仍然沒有與部隊連繫上。有一天，他們打死了一隻鹿，他們憑著鹿肉艱難地度過了幾天，也許是戰爭使動物都逃走或被殺光了，他們再也沒看到任何動物，兩名戰士只剩下一點鹿肉，繼續前行。

這一天，兩名戰士在森林中與敵軍相遇，經過一次激戰，兩人巧妙地避開了敵人。就在他們脫離危險時，卻聽到一聲槍響，走在前面那名

年輕戰士中了一槍，幸運的是傷在了肩膀上。後面的那名士兵惶恐不安地跑過來，他害怕得語無倫次，抱著年輕戰士的身體淚流不止，趕快撕下自己的襯衣將戰友的傷口包紮好。那天晚上，沒有受傷的戰士一直唸叨著母親的名字，他們都認為自己熬不過這一關了，但是，儘管他們十分飢餓，誰也沒有動身邊的鹿肉。幸運的是，第二天部隊救出了他們。

30年過去了，那名受傷的戰士說：「我知道是誰開的那一槍，他就是我的戰友，當時在他抱住我時，我感覺到他的槍管是熱的，我怎麼也不明白，他為什麼對我開槍。但是，當天晚上我就原諒了他，我知道他想獨吞那點鹿肉，我知道他想為了母親而活下來。在以後的30年裡，我假裝根本不知道這件事，也從來不提起這件事，戰爭太殘酷了，他的母親還是沒有等到他回來，我和戰友一起祭奠了他的母親。那一天，戰友跪下來，請求我原諒他，我沒有讓他繼續說下去，我們繼續做了幾十年的朋友，我寬容了他。」

即使戰友傷害了自己，但是，戰士依然決定以寬容來對待他，在他原諒戰友的那一刻，他自己的心靈也得到了救贖。寬容，讓我們少了一分憂傷，多了一分快樂；寬容，使我們少了一分仇恨，多了一分善良；寬容，讓我們少了一分嫉妒，多了一分真誠；寬容，使我們少了一分紛爭，多了一分友愛；寬容，使我們的心靈得到昇華，寬容是解救自己心靈的心法。

有人不明白，寬容到底是什麼？當一隻腳踩在了紫羅蘭的花瓣上，而我們的鞋底卻保留著花的香味，這就是寬容的最好詮釋。面對他人有意或無意之間造成的錯誤，如果我們心裡充滿憎恨，老是憤憤不平，希望別人能遭到不幸或懲罰，內心充滿仇恨的同時，我們已經失去了往日那種輕鬆的心境和快樂的情緒。學會寬容他人的錯誤，即使只是一句再

簡單的話，也能夠迎來蔚藍的天空。其實，寬容並不是姑息他人的過錯，更不是自己軟弱的表現，而是一種理解，一種心靈的修煉。當別人做了錯事的時候，寬容對方往往是最好的處理辦法。

美國心理學家克里斯多福‧皮特森（Christopher Peterson）說：「寬恕與快樂緊緊相連，寬恕是所有美德之中的王后，也是最難擁有的。」如果我們心中總是充滿著仇恨、憤怒或者生氣，那麼，無疑是拿別人的錯誤來懲罰自己。所以，寬容待人實際上就是寬容待己。

哈佛小測試

你能寬容朋友嗎？

如果你的朋友不小心弄壞了你心愛的東西，你會：

A. 大發雷霆，把對方罵得狗血淋頭。

B. 算了，自認倒楣，只能氣往心裡去。

C. 要求對方照價賠償。

D. 寬宏大量，不會生氣。

結果分析

選擇 A：在你的觀念中，朋友不會比你心愛的東西來得重要，正因為如此，你的朋友到最後都會成為你的敵人。事實上，你的人際關係在心理上的出發點就有點偏差，所以即使你的敵我意識不是很強，你對人際關係的需求也不會很強烈。

選擇 B：你是一個怕得罪人的人，表面上你只能自認倒楣，心底你卻會憤怒不已，但又不會表現出來。你在處理人際關係的心態上，有點委曲求全，可能是你怕和別人形成敵對的狀態。而這種敵對狀態會給你帶來很大的心理壓力和精神負擔，你沒有信心去處理這些關係。所以你寧可退一步，以求大局和平。

選擇 C：你覺得你和所有的朋友都是處於對等狀態，沒有誰該怕誰，誰該讓誰的說法。因此，你的態度很客觀，也很中立。不會預設立場，把自己的敵我意識先擺出來，或者是先設定自己的受害意識。你這樣的處理方式，應該是讓大多數人可以接受的做法。不過，要是遇到一些自我意識較強烈的人，你就會被認為太講人情，因而得罪對方。

選擇 D：你是個老好人，你很尊重對方的自尊和價值，讓對方感受到他是一個很受重視的人。因此，他除了感謝你之外，還會以對等的態度回報你，將你當成最好的朋友。在你處理人際關係的觀念中，知道人的價值重過一切，因此你在處理事情的時候，會不自覺地以客觀的立場考慮利害得失。就因為你這樣重視朋友，給朋友面子，你的人際關係很圓滿。

學會分享：分享越多，收穫越多

當我們愛別人的時候，生活是美好快樂的。

——托爾斯泰

有一位哈佛教授向一個學生問了這樣一個問題：「如果你有 5 個蘋果，你會怎麼做呢？」這個學生不假思索地回答：「我會自己吃掉一個，

另外四個分給朋友。」教授似乎對這答案很滿意，忍不住好奇地問道：「為什麼？」學生回答道：「我吃一個蘋果，能品嘗出蘋果的味道，吃 5 個蘋果還是品嘗出蘋果的味道，不如與別人分享，讓別人也品嘗蘋果的味道，這樣，5 份蘋果的味道變成了 1 份蘋果的味道與 4 份快樂，何樂而不為呢？」教授讚許地點點頭，微笑著說：「這就是我今天要教大家學習的內容 —— 分享越多，收穫越多。」

在如今這個合作雙贏的時代裡，一個人要想獲得更多，必須要學會與人分享。因為分享越多，收穫也越多。任何個人都沒法擔當全部，一個人的價值展現在與別人相互幫助的基礎上。許多時候，與他人分享自己的擁有，我們才能認清自己的位置和方向。

20 世紀早期，英國送奶公司送到訂戶門口的牛奶，既不用蓋子也不封口。這樣做的後果，就是很多牛奶都成了麻雀和知更鳥的美餐。因為麻雀和知更鳥可以很容易地吃到凝固在奶瓶上層的奶油皮。

後來，牛奶公司把奶瓶口用錫箔紙封起來，以防止鳥兒偷食。這樣的改進確實取得了一定的效果，可惜好景不長，20 年後，英國的麻雀都學會了用喙把奶瓶的錫箔紙啄開，繼續吃它們喜愛的奶油皮。然而，知更鳥卻一直沒學會這種方法。

許多科學研究人員就這個問題做了一段時間的觀察和研究，終於發現了其中的奧祕。原來，麻雀是群居的鳥類，常常一起行動，當某隻麻雀發現了啄破錫箔紙的方法後，就可以教會別的麻雀。而知更鳥則喜歡獨居，牠們圈地而居，溝通僅止於求偶和對於侵犯者的驅逐。因此，就算有某隻知更鳥發現錫箔紙可以啄破，其他的知更鳥也無法知曉。

動物是這樣，人也是如此。分享可以促進人與人之間的互相交流和

學習，可以使我們更快地成長。青少年正值學習知識的黃金時期，在獨立鑽研的同時，要學會與大家分享新發現、新成果，相互磋商，彼此分享，創造一種積極互助的關係。合作能夠產生合力，分享能讓人領先一步。正如英國戲劇家蕭伯納所說：「倘若你有一個蘋果，我也有一個蘋果，而我們彼此交換蘋果，那麼我們仍然各有一個蘋果。但是，倘若你有一種思想，我也有一種思想，而我們彼此交流這些思想，那麼我們每人將各有兩種思想。」

學會分享可以使我們學會關心他人，關心自己；欣賞他人，欣賞自己；有效地團結合作，交際磨合；注意權衡自己在群體中的地位和作用，處理好人際關係；及時地把自己的想法以適當的方式表達出來，走出封閉的自我，積極接納別人的看法，能夠與他人展開心靈的溝通。

一個懂得分享的人，生命就像加利利海的活水一樣，豐沛而且充滿活力。只有懂得與別人交流和分享，我們才能夠在智慧和情感的分享中不斷地提升與發展。

史蒂夫是一位很有學識的果農，經過一年多的精心研究，他培植了一種皮薄、肉厚、汁甜而少蟲害的新果子。正當收穫季節，引來不少果販紛紛購買，使史蒂夫發了大財，增加了不少財富。

當地不少人羨慕他的成功，也想借用他的種子來種果子，史蒂夫認為物以稀為貴，其他人也種這種果子會影響自己的生意，所以全部拒絕了，其他人沒有辦法，只好到別處去買種子。可是到了第二年果熟季節時，史蒂夫的果子品質大大下降了，果販們也都搖頭不買他的果子。史蒂夫傷透了腦筋，只好降價處理。

史蒂夫想弄清楚產生這種現象的原因，於是來到城裡找專家諮詢。

專家告訴他，由於附近都種了舊品種果子，唯有他的是改良品種，所以，開花時經蜜蜂、蝴蝶和風的傳播，他的品種和舊品種雜交了，當然他的果子就變質了。「那可怎麼辦？」史蒂夫急切地問。「那還不好辦？只要把你的好品種分給大家共同來種，不就行了。」

史蒂夫立刻就按照專家的說法辦了。結果這一年，大家都收到了好果子，個個都喜笑顏開。

富蘭克林說過這樣一句話：「我讀書多，騎馬少，做別人的事多，做自己的事少。最終的時刻終將來臨，到那時我但願聽到這樣的話『他活著對大家有益』，而不是『他死時很富有』。」是的，分享才能雙贏。所以青少年應該切記，任何時候都不要吃獨食。一個懂得分享的人，才是一個有愛心與責任心的人；一個懂得分享的人，才是一個知冷暖、知風雨的人；一個懂得分享的人，才是一個擁有高尚情操的人，才是一個成就大事業的人。

哈佛小測試

你是守財奴性格嗎？

假設你是一個間諜，一起被抓的間諜同伴正在被偵訊，哀號聲跟巨大聲響不斷從隔壁拷問室傳過來。

「你的夥伴已經招了，想要活命的話，最好趕快說實話！」祕密警察用力拍著桌子拷問道。如果你是這個間諜，接下來會怎麼做？

A. 夥伴怎麼樣都沒關係，總之自己先招再說。

B. 夥伴已經招了嗎？沒辦法……就這樣招出一切。

C. 夥伴應該不會招供，所以自己也不肯招出來。

D. 不管夥伴招不招，自己絕對不會洩露半句話。

結果分析

選擇 A：信用卡破產型。喜歡擺闊的你，錢包就像缺了口一樣，雖然大家都喜歡奉承你，但是多半是「財去人也散」的情況，你常常被別人利用。

選擇 B：出手大方型。你用錢的方法會讓自己陷入拮据的窘境。由於出手大方，很受大家歡迎，這樣的你，距離信用卡破產地獄只差幾步路。你的潛意識裡不斷想要更多東西，無法克服自己的欲望。

選擇 C：自我控制型。你很懂得自我控制，但有時表現得適得其反，這種類型跟第四種類型都屬於心理學上的肛門期。雖然已經到了不包尿布的年紀，但是仍然不太會使用廁所，只會拚命忍耐。

選擇 D：守財奴型。嚴格來說，這種類型不是小氣，而是非常典型的守財奴，因此朋友與異性都對你敬而遠之。這種人多半會極盡所能地賺錢，但是卻不敢用錢，這樣往往會讓自己吃虧。

誠信是人生價值的基礎

失足，你可以馬上恢復站立；失信，你也許永難挽回。

—— 班傑明·富蘭克林

　　誠信向來被視為是一種做人的重要品德，是一個人的處世之本、立世之基。哈佛在錄取學生的時候，設有嚴格的誠信審查機制，一旦發現學生中有任何不誠信的行為，哈佛就會直接將這樣的不合格學生淘汰。所以，哈佛要培養的不僅是世界一流的學術人才，更是道德上的優秀人才。誠信是成功的敲門磚，因而誠信教育是哈佛德育教育中的一項重要內容，所以哈佛在德育方面也是十分重視、頗費苦心的。通俗地講，誠信就是說話、辦事都非常實在，沒有欺瞞之心，更沒有騙人、害人的想法。

　　哈佛人深知，在資訊時代講究誠信是非常重要的，所以隨時都以誠信自律。講究誠信的個人和企業，最後總會獲得良好的名聲，這對於日後的成長和發展是十分有利的；如果只為了眼前的利益而放棄誠信，可能就會造成長久的重大的損失。誠信就像是一個砝碼，放上它，人生的天平就不會失衡，更不會搖擺不定，我們生命的指標就會穩穩地指向一個方向，那裡，正是我們的人生理想。為了讓學生明白誠信的重要性，一位哈佛教授舉出這樣的例子：

　　美國前總統林肯在競選總統時，對選民講話總是很誠懇，他沒有錢，所以在競選時沒有坐專車，而是像每個普通乘客那樣，買票坐公車。林肯甚至沒有錢用來搭建宣講臺，所以每到一站，就只能站在朋友們為他準備的一輛耕田用的馬拉車上，向他的選民們發表演說：「有人寫信問我有多少財產，我有一個妻子和一個兒子，他們都是無價之寶。此外還租了一個辦公室，室內有一張桌子，三把椅子，牆腳還有一個大書架。架子上的書值得每個人一讀。我本人又窮又瘦，臉很長，不會發福。我實在沒有什麼可依靠的，唯一可依靠的就是你們！」林肯的這些話，給人們留下了非常深刻的印象，被人們稱為「誠實的林肯」。

在哈佛人看來，一個成績不好、能力有限的人還可以培養，但是一個人如果有誠信問題，那麼連培養的機會也不會得到。因為一個缺失誠信的人，成就就算再高，也不會對社會有益，還可能危害社會。哈佛非常重視學生的社會責任感，所以絕不會錄取那些缺失誠信的人。

一位哈佛畢業生說：「培養一個誠信的普通人，遠比縱容一個欺詐的碩士要嚴肅重要得多。」那麼應該從哪些方面來培養誠信的人呢？哈佛人給出以下的建議：

注意小事

許多人都很不注意在小事上遵守信用，比如借了東西不還，與人約會卻總是遲到甚至失約，答應替人辦某事，卻遲遲不見動靜……如果這樣的小事多了，且不說別人怎麼看你，你自己也會養成一種不守信用的習慣，以後遇到大事，也會隨意地失信於人，從而給自己事業的發展埋下隱患。

不要輕易許諾

如果真做不到，那麼就真誠地說「不」，這才是誠信的態度。如果什麼事都拍胸脯，或是礙於情面而勉強答應別人，不但給自己增加不必要的負擔，而且如果辦不到的話，還會使自己失信於人。這當然不是說不幫助別人，而是在做出承諾之前，一定要量力而行。

注意自我修養

與人交易必須誠實無欺，這是獲得他人信任的一個最重要的條件。要善於自我克制，做事必須誠懇認真，才能建立起良好的信譽；應該隨時設法糾正自己的缺點；行動要踏實可靠，做到言出必行。

不欺騙

不管在哪裡，我們都要保持誠信。一個人如果沒有誠信，就已經喪失了自己的品德，就是一個身心不健康的人，不僅會影響自己，也會傷害他人，可以說就是一個騙子，這樣的人不但得不到他人的信賴，在社會上也無法立足，這樣的人很難交到知心的朋友。

要謹慎

學會了誠信做人，還要學會謹慎行事，謹慎對待他人，當別人信任自己時，也要小心。善意的謊言，或者經過認真選擇的部分事實，都不違背誠信原則。但是謹慎，並不意味著掩飾，也不意味著諱疾忌醫，這都是與誠信原則不符的。

哈佛小測試

你是否具有團隊合作精神？

01. 就某一個問題，當你與另一個人爭論不休時，你會：

A. 堅持自己的看法。

B. 嘗試溝通彼此的想法。

C. 堅持自己是正確的，但不強求對方認同。

D. 請旁觀者公平論證。

02. 你做了一件錯事，不巧被別人發現了，你會：

A. 主動承認錯誤。

B. 拒絕承認。

C. 找合理的藉口來掩飾自己的錯誤。

D. 把錯誤責任全都推掉。

03. 假如你和同伴去遊玩，飢渴難忍時，看見一棵掛滿果實的梨樹，你會：

A. 叫同伴一起去摘梨。

B. 自己先解渴後再說。

C. 讓同伴去摘。

D. 只叫上最好的同伴。

結果分析

1 題：A 3 分；B 4 分；C 2 分；D 1 分

2 題：A 3 分；B 4 分；C 2 分；D 1 分

3 題：A 4 分；B 2 分；C 3 分；D 1 分

12 分：非常重視團隊合作，有溝通的習慣和觀念。

9 ～ 11 分；有較強的團隊合作精神，對自己很有信心。

6 ～ 8 分：團隊合作精神一般，不願與人形成對立，人際關係薄弱。

3 ～ 5 分：團隊意識相當薄弱，注重個人的主觀意識。

記一堂生動的哈佛社交課

人際交往能力是一種基本智慧，指能夠察覺並區分他人的情緒、意圖、動機和感覺，並運用語言、動作、手勢、表情、眼神等方式與他人交流資訊、溝通情感的能力。

—— 霍華德・加德納（Howard Gardner）

畢業於哈佛大學的羅斯福總統說過：「成功的第一要素就是懂得如何搞好人際關係。」

對於很多人來說，進入哈佛大學就等於進入了一個菁英俱樂部，好像進入了一個超級開放，又超級密集的人脈大課堂。在這裡，無論是畢業典禮、社團活動、校友聯誼，還是課堂討論，包括所有的學習專案，

都是哈佛的人脈社交課。

社交也就是人際交往，它不是指人與人之間簡單的組合，而是全面的人脈關係網。關於社交，哈佛大學一向很重視。在經濟和社會飛速發展的今天，「兩耳不聞窗外事，一心只讀聖賢書」的為人處世方式已經不再適合，人除了閱讀書本獲得知識外，還要與社會各界的各類人員交流。

哈佛學子于智博在《真實哈佛 MBA》一書中，寫了自己剛進入哈佛時的感受：

「一進校，我就注意到學生和校方都在處處注重培育人脈網。首先，學生自身就很重視人脈網。其次，迎新營的多項分組、分隊，就是校方有意識讓新生必須認識其他同學。再次，為期一年的 6 人學習小組就是一個長期固定的小型人脈網。在開課前兩天才公布分班通知，全年級一共 900 人，從 A 到 J 不多不少分 10 個班，每個班正好 90 人，剛好坐滿一個 U 形教室。」

「一個班就是一張永久的人脈網，同時，這是一張觸及社會各領域的人脈網，畢業後工作就是強大的人脈資本。現在想想，要組織一個既多元又盡可能和睦的 90 人集體，至少得大概了解每個學生的背景，這談何容易？更別說要從 900 人裡劃分出 10 個這樣的集體，校方真是用心良苦啊！」

「哈佛大學旗下的 12 所院校，都是各行各業人才聚集的地方。如果不認識些未來的科學家、藝術家、政治家、大法官、律師、名醫、作家、教授、學者，那實在太可惜了。所以大家都盡可能地參加各院的活動。」

　　總之，很多人去哈佛不僅僅是為了學習，還為了建立強大的人際關係網路。正如哈佛教授所說：「哈佛大學為畢業生提供了兩大工具，一是對全域性的綜合分析與判斷能力，二是強大的、遍布全球的 4 萬校友網路，他們在美國甚至全世界各個行業中都占據著極其重要的位置。」那麼，對於青少年來說，應該如何建立自己的人脈圈子呢？

　　首先，你必須明白，成功不是你是誰，而是你認識誰。當年巴菲特（Warren Edward Buffett）錯失了哈佛大學，但是聰明的他沒有錯失其他機會，而且找到了成功的核心，他告訴自己：「成功的核心不在於你是在哈佛，還是在其他大學，而是你和誰在一起。」在尋找其他大學的時候，他了解到格雷厄姆（Benjamin Graham）和多德（David Dodd）這兩位投資大師在哥倫比亞大學讀書，於是他連忙向哥倫比亞大學寄出了申請，並且幸運地由多德教授親自回覆了他的申請。在哥倫比亞大學，巴菲特認識了很多生意上的夥伴，也建立了屬於自己的人脈圈子。

　　其次，美國哈佛大學社會心理教授史坦利・米爾格蘭姆（Stanley Milgram）曾經做過一個著名的實驗，他找來一群志工，然後測試他們的人際關係網路，結果表明：「你和任何一個陌生人之間的間隔人數不會超過六個人，也就是說，最多透過六個人你能夠認識任何一個陌生人。」所以在我們的社交圈子中，極少數人認識很多人，而我們透過這些人能夠與其他人連繫在一起，這些極少數人就是「連線者」。儘管很多時候，人們總是和熟悉了解的人保持連繫，而拒絕那些他們認為不值得去了解的人，不過「連線者」會讓他們變得熟悉起來。

　　最後，要學會提高人脈的品質。哈佛菁英告訴我們，想要建構一個高效多能的人脈圈，就要讓自己也變得足夠優秀起來。一旦菁英人脈圈接納了你，也就證明了你的資質與能力。如果你的資格還不夠加入這些人當

中，那麼就要考慮給自己充電，讓自己有能力也有資格進入菁英的圈子。

　　一個人的成功與否，從他的人際關係中可以預測，一個人的成就和他的活動半徑有直接關係，所以成功的第一步，首先就是要有良好的人脈。世界上所有的事，都是由關係產生的。各種關係，無論哪種關係斷裂，都很悲哀。人際關係是人與人之間由於交往而產生的一種心理關係，它主要表現人與人之間在交際過程中關係的深度、親密性、融洽性和協調性等心理方面連繫的程度。從現在開始，展開正常的人際交往，讓自己成為一個善於溝通，有魅力的溝通者，連線自己和成功的橋梁。

哈佛小測試

你的社會交際能力如何？

01. 陽光燦爛的日子你會更想待在家裡。

　　是→2 不是→3

02. 朋友同時借給了你漫畫和小說，你會選擇先看漫畫。

　　是→3 不是→4

03. 假如你在朋友家裡待太晚了，你就會在他家過夜。

　　是→6 不是→5

04. 只要想吃就不在意會變胖，即使半夜也會吃蛋糕。

　　是→3 不是→5

05. 早上即使能多賴床幾分鐘你也會覺得很幸福。

　　是→7 不是→6

06. 你對某個人有著似曾相識的感覺。

是→ 8 不是→ 7

07. 你對小朋友特別有耐心，也很喜歡小孩子。

是→ 10 不是→ 9

08. 平常你的臉上總是一副漠不關己的表情。

是→ 7 不是→ 9

09. 你現在能在 5 秒鐘內毫不猶豫地說出三個最想要的願望。

是→ 11 不是→ 12

10. 你覺得年長的人比較值得信賴。

是→ 11 不是→ 9

11. 覺得塗抹圓形的口紅比四邊形的口紅會更帶來魅力。

是→ 12 不是→ 13

12. 雖然會偶爾嫌父母囉唆，但是仍然會心存感激。

是→ 13 不是→ 14

13. 是否有人說過你是超級糊塗的粗心鬼？

是→ 15 不是→ 14

14. 你喜歡看恐怖片多於喜歡看愛情片？

是→ 15 不是→ 16

15. 你覺得隨身攜帶手帕的男生會是一個很「娘」的男生。

是→ 16 不是→ 17

16. 你是否曾經有過買了許多書卻沒來得及看的經歷？

    是→ 18 不是→ 17

17. 覺得自己過了 20 歲就已經老了？

    是→ 20 不是→ 19

18. 曾經有過抱著電話不知不覺就講了好幾個小時的經歷？

    是→ 19 不是→ 17

19. 想談一場轟轟烈烈的戀愛？

    是→ 20 不是→ 21

20. 你對流行比較敏感，而且也喜歡追趕潮流。

    是→ 21 不是→ 22

21. 偶爾會有想去看海的衝動。

    是→ B 不是→ 22

22. 你在外過夜有認床的習慣嗎？

    是→ 23 不是→ A

23. 喜歡一個人享受泡泡浴？

    是→ D 不是→ 24

24. 覺得擁有一個「藍顏知己」對女生來說是很重要的嗎？

    是→ C 不是→ 25

25. 想學爵士鼓多於想學小提琴。

    是→ D 不是→ E

結果分析

A. 你本身就是個比較樂觀開朗的人，和誰相處都很「在行」，即使在陌生環境裡你都能和別人談到一塊。你之所以這麼吃得開，是因為你身上有著別人無法比擬的優異點：你既能發現別人身上的長處，又能輕易忽略和原諒別人的缺點錯誤。所以在你眼裡，每個人都有著不同的樂趣，你可以針對不同人身上的特點來交流話題。

B. 你身上有著很強的「融合力」，不論和什麼類型的人你都能相處得比較融洽，除非對方對你有著對立的態度。你交朋友比較看重感覺，只要看對方比較順眼，再加上共同語言的話，那你就會和他感情好得沒話說。而且你的個性比較綜合，比較能容易理解每個人的態度。

C. 你是個比較低調的人，並不喜歡那種五湖四海都有著泛泛之交的交友模式，你也不會一見面就和對方打得火熱，因為你是屬於「慢熱」型的人，需要時間來讓對方慢慢深入了解外表冷漠內心似火的你。你的朋友雖然數量不多，但是每個人都稱得上可以推心置腹的知己。

D. 你的個性多面化，喜歡熱鬧，害怕寂寞，所以你的樂趣之一就是交友。不管是什麼樣的人，你都會很樂於去認識，所以你的朋友很多都是最初的朋友。心思簡單而且樂天知命的你人緣還不錯噢，大家都滿喜歡你這樣一個「開心果」的。

E. 你在交朋友上有著自己的一定原則，並不會濫交朋友。對方的素養、興趣愛好都是你的考慮條件，深知「近朱者赤」的你並不想誤交損友。個性比較淡漠的你堅持著君子之交淡如水的原則，所以你對所有人的感情程度差不了多少。

哈佛沒有「書呆子」
—— 成為魅力四射的「萬人迷」

> 魅力有一種能使人開顏，消怒，並且悅人和迷人的神祕特質。
>
> —— 西爾維婭・普拉斯（Sylvia Plath）

《哈利波特》（*Harry Potter*）的作者 J.K. 羅琳（J. K. Rowling）在哈佛大學演講時說：「如果誰能給我一臺時光機器，我會告訴 21 歲的自己，個人的幸福建立在自己能夠清楚地意識到，生活不是擁有物品和成就的清單。」

青少年朝氣蓬勃，每天除了埋頭苦學之外，還應該有其他的內容。一個只會苦學而不懂得享受生活的青少年，只會成為一個「書呆子」，而不具備出眾的社交能力。21 世紀的人才在學校裡不僅僅要學習書本上的知識，也要讀懂社會這本「無字之書」；不僅要學習書本上的理論知識，還要學習做人做事的方法與道理；不僅要學會存在與競爭的本領，還要學會共同生活的藝術。

青少年已經具備了一定的審美和社交圈子，我們也看到，有的青少年能夠成為老師和大家的「明星」，他們有的擅長運動，有的是資優生，總之他們身上散發著某種看不見的光環 —— 這可以說是成功的潛在能力。而成功人士釋放出來的一種主要力量，除了天賦，便是魅力。然而，沒有大眾的承認和接受，就沒有魅力這樣一說。大眾透過審視那些成功人士，才發現了魅力是什麼。

和領導氣質不同的是，人格的魅力，並不是天生的，而是需要後天的努力創造。那些能使「蓬蓽生輝」的人不是生來就有發光的本事，而是

在他們理解並滿足了大眾的期望以後才得以發光閃亮的。而創造魅力必須要有大眾基礎，但這不等於說那些平凡的、渴望成功的人就不能有魅力。如果一個人在大眾或周圍的人面前展現出了魅力，那麼一定是他掌握了施展魅力的藝術。

在眾人一起旋轉的舞池中，最有魅力的那個，肯定具有迷人的個性。那麼，青少年應該如何練就迷人的個性，使自己散發出無限的魅力呢？你可以嘗試從以下幾個方面尋找突破口：

突破口之一：培養多種興趣與愛好

哈佛透過對成功人士的深入研究，發現許多成功人士的興趣愛好都非常廣泛。而古今中外的名人中，也是涉獵廣泛，甚至在諸多方面都有一番成就。

成功人物之所以擁有迷人的個性，不僅僅是某一方面閃亮光芒。

突破口之二：真誠微笑

一個人如果經常真誠微笑，證明凡事都樂觀豁達，這樣的人怎麼會不迷人呢？不僅如此，真誠的微笑不但可以吸引人，也能給人帶來極大的成功。

突破口之三：學會幽默

幽默有助於身心健康，同時也是吸引力的法寶，所以人們都願意接近幽默風趣的人。不僅如此，幽默也是成功的法寶。幽默使人保持積極

進取的心態，在追求成功的道路上，嫻熟地運用幽默，可以增強自己的競爭力。

突破口之四：勇於承擔

卡內基曾這樣告誡世人：「用爭鬥的方法，你絕對不會得到好的結果，而用讓步的方法，收穫會比預期的高。」一個有擔當的人，是個有魅力的人。勇於承擔的人，才能成為有所作為的人。在學習和生活中，遇到問題要主動查詢原因、承擔過失，而不是推諉塞責，怨天尤人。只有這樣，才能散發出個性的魅力。

哈佛小測試

你是一個膽小鬼嗎？

下面的問題，請你快速回答，選出你腦海中出現的第一個答案：

01. 說到「時鐘」會想到什麼？

　　A. 手錶。

　　B. 鬧鐘。

02. 說到「英雄」會想到什麼？

　　A. 強壯。

　　B. 正義。

03. 說到「前輩」會想到什麼？

　　A. 集體活動。

B. 晚輩。

04. 說到「紅花」會想到什麼？

A. 鬱金香。

B. 玫瑰。

05. 說到「動物園」會想到什麼？

A. 熊貓。

B. 獅子。

06. 說到「男生最喜歡的運動」會想到什麼？

A. 棒球。

B. 足球。

07. 說到「書」會想到什麼？

A. 教科書。

B. 小說。

結果分析

0 ～ 1 個 A：你的膽量要比別人多一倍。你是不管何時都不會感到害怕的那種類型，即使承受壓力，也可以冷靜地以平常態度去面對。你這樣的個性會讓很多人覺得你很值得依賴。

2 ～ 3 個 A：你是假裝的膽小鬼。只要一遇到意外情況，馬上就會展現膽量的那種類型。在事情發生之前你很怯懦，但一到事情發生後馬上就發揮出你的力量，因此在比賽或考試時，你總會比預料中的表現還要

好很多。

　　4～5個 A：你是隱藏的膽小鬼。在人前你總是一副很堅強的樣子，其實你是一個很膽小的人，嘴裡說著「沒什麼，沒什麼」，但心裡卻無限恐慌！所以你是個隱藏的膽小鬼。

　　6～7個 A：你是個超膽小的人，雖然只是稍微受驚嚇，但你的心跳卻快得像要跳出來一樣嚇得半死。所以當機會來臨時，你要擺出沉穩的個性，偶爾要冒險一下。

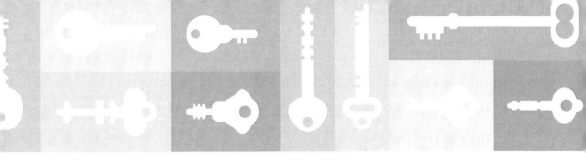

第八章
不可低估失敗的價值：
用失敗者的邏輯看世界

　　成功並不是一件容易的事情，在追求成功的道路上總會遇到困難和挫折的洗禮。當困難和挫折一次次向你襲來，你是選擇半途而廢，還是堅持到底呢？這兩種選擇自然會得到兩種不同的結果 —— 失敗或者成功。哈佛學子懂得堅持的意義，當他們遇到困難和挫折的時候，總會在心底告訴自己：「只要再堅持一下，就能看到成功的轉機！」

失敗不可怕，對失敗視而不見才可怕

失敗也是我需要的，它與成功對我一樣有價值。

—— 愛迪生

哈佛的教授告誡學生們：「只要不把失敗變成一種習慣，那麼失敗並不是什麼壞事。」這句話聽起來平凡而質樸，可是卻蘊含著豐富的哲理。只要我們看看古今中外那些成功者便能夠發現，他們總是在經歷過無數次的失敗，不斷統整之後，才最終獲得了成功。

雖然失敗讓人感到痛苦，但是它也會給你帶來收穫。正因為有失敗的存在，我們才能夠及時發現自己的不足和缺陷，從而不斷改正，不斷進步，最終與成功相擁。這就像大富豪洛克斐勒（John Davison Rockefeller）所說的那樣：「失敗是取得成功的開始。可以說，我能有今天的成就，是踩著失敗的螺旋階梯升上來的，是在失敗中崛起的。」

洛克斐勒和他的生意夥伴在創業之初，就遇到了一次巨大的失敗。當時他們一起經營大豆生意，並且與黃豆供應商簽訂了一份合約，準備買回一大批黃豆，賺上一筆大錢。

可是讓他們措手不及的是，黃豆剛到他們手裡沒多久，就因為霜凍而損毀了一大半，而且還有一些不講信用的供應商在黃豆裡摻雜了沙土和豆秸等。那次生意就那樣失敗了。

不過，洛克斐勒並沒有因為那次失敗而感到灰心絕望，也沒有被失敗打倒始終沉溺在痛苦之中。他再次向自己的父親借錢，然後吸取了那次失敗的經驗，最終在引進外地農產品的過程中收益頗豐。

　　洛克斐勒並沒有受到「黃豆事件」的影響，而是透過不怕失敗的精神，獲得了事業上的成功。之後，他的事業也越做越大，偶爾也會經歷失敗，不過這些失敗都不會影響他不斷進步，不斷壯大自己。

　　在一次記者會上，洛克斐勒十分認真地說道：「對於一個要去創業的青少年來說，他們往往缺少經營的資本。在這樣的情況下，如果他們再恐懼失敗，那麼就會像蝸牛般緩慢行進，甚至止步於成功之路，而永無出人頭地之時。」

　　其實，失敗並不是一件可怕的事情，真正可怕的是失敗過後便一蹶不振，一直沉溺在失敗的陰影中無法自拔。你應該明白，一個人跌倒了可以再爬起來繼續走下去，就算你失敗，也並不代表你比別人差，更不意味著你的人生已經無可救藥了。只要你懂得從失敗中吸取經驗，這一次的失敗一定會變成下一次成功的溫床。尤其對於青少年朋友來說，有夢想，有勇氣，也有精力去努力打拚，所以更不能害怕失敗，而要正視它、接受它、戰勝它！

　　如果一個人一遇到失敗就用藉口來掩飾，那麼他在做事的時候就不可能一心一意。而做事不專心的後果，就必定是失敗。美國西點軍校的傳統是，新兵失敗時，如果長官問其原因，他只能回答「沒有藉口」。只有這樣，日後他才可能實在做事、踏實前進。所以，我們要勇於面對自己的錯誤，承認自己的過失。無論成功還是失敗，其實都是相對而言的，而且從來就沒有永遠的成功和長久的失敗。在那些理性認知自我、勇於完善自我的人眼中，眼前的失敗雖然不可避免，但是只要心存自信、努力奮鬥，就會迎來下一次的成功；而對於那些不敢正視自己、不致力於完善自己的人來說，一次失敗就意味著永遠失敗，就連過去曾經有過的成功也會黯然失色。

哈佛小測試

你在失敗後的抗挫折能力如何？

01. 在過年的一年中，你遭受挫折的次數為？

A.0 ～ 27 次。

B.3 ～ 4 次。

C.5 次以上。

02. 你每次遇到挫折的時候，你都會？

A. 大部分都能自己解決。

B. 有一部分能解決。

C. 大部分解決不了。

03. 你對自己才華和能力的自信程度如何？

A. 十分自信。

B. 比較自信。

C. 不太自信。

04. 你對問題經常採用的方法是？

A. 知難而進。

B. 找人幫助。

C. 放棄目標。

05. 有非常令人擔心的事時，你會？

A. 無法學習。

B. 學習照樣不誤。

C. 介於 A、B 之間。

06. 碰到討厭的同學時，你會？

A. 無法應付。

B. 應付自如。

C. 介於 A、B 之間。

07. 面臨失敗時，你會？

A. 破罐子破摔。

B. 使失敗轉化為成功。

C. 介於 A、B 之間。

08. 學習進展不快時，你會？

A. 焦躁萬分。

B. 冷靜地想辦法。

C. 介於 A、B 之間

09. 碰到難題時，你會？

A. 失去自信。

B. 為解決問題而動腦筋。

C. 介於 A、B 之間。

10. 學習中感到疲勞時，你會？

A. 總是想著疲勞，腦子不靈光了。

B. 休息一段時間，就忘了疲勞。

C. 介於 A、B 之間。

11. 學習條件惡劣時，你會？

　　A. 無法學習。

　　B. 能克服困難努力學習。

　　C. 介於 A、B 之間。

12. 產生自卑感時，你會？

　　A. 不想再學習。

　　B. 立即振奮精神去學習。

　　C. 介於 A、B 之間。

13. 老師給了你很難完成的任務時，你會？

　　A. 頂撞回去。

　　B. 千方百計地做好。

　　C. 介於 A、B 之間。

14. 困難落到自己頭上時，你會？

　　A. 厭惡之極。

　　B. 認為是個鍛鍊。

　　C. 介於 A、B 之間。

計分方式：

　　1～4 題，選擇 A、B、C 分別得 2、1、0 分；5～14 題，選擇 A、B、C 分別得 0、2、1 分。

結果分析

19 分以上：說明你的抗挫折能力很強。

9 ～ 18 分：說明你雖有一定的抗挫折能力，但對某些挫折的抵抗力薄弱。

8 分以下：說明你的抗挫折能力很弱。

一次失敗不代表一生失敗

什麼叫作失敗？失敗是到達較佳境地的第一步。

—— 威廉·丹尼爾·菲利普斯（William Daniel Phillips）

《羊皮卷》裡有這樣一句話：「只要我一息尚存，就要堅持到底，因為我已深知成功的祕訣：堅持不懈，終會成功。」這也是哈佛學子身上所具備的特質。在哈佛，即使是博士生，每三天也要讀完一本書，每本書至少有幾百頁，此外還必須繳交閱讀報告。這樣的學習強度如果沒有堅忍的毅力，是絕對堅持不下來的。

在哈佛校園裡流傳著這樣一個故事：

很久以前，有個養蚌的人想培育一顆世界上最大的珍珠。他就去沙灘上挑選沙粒，問它們是否願意變成珍珠，它們都搖搖頭，正當養蚌人快要絕望的時候，有一顆沙子答應了，旁邊的沙粒都嘲笑它，說它太傻，去蚌殼裡住，遠離親人朋友，見不到陽光、雨露、明月、清風，甚至還缺少空氣，只能與黑暗、潮溼、寒冷、孤獨為伍多不值得啊！那顆

沙粒還是無怨無悔地隨養蚌人去了！幾年後，那顆沙粒成了一顆價值連城的珍珠，而那些曾經嘲笑它的夥伴，有的依然是海灘上平凡的沙粒，有的已化為塵埃！

正如哈佛票房紀錄最高的教授之一，塔爾‧班－夏哈（Tal Ben-Shahar）提醒學生，每個人必須經歷蹣跚學步才能走出優美的步伐，每一粒沙都要經歷千辛萬苦才能成為珍珠。同樣，每個人也要經歷無數次失敗，經歷在失敗之後的堅持不懈，才能夠到達成功的彼岸。

生活中很多事情都是這樣，你勇敢去做了，也許會成功，也許會失敗。成功了，你將獲得鮮花與榮譽；失敗了，你將獲得經驗與訓練。如果你連去做的勇氣都沒有，那麼自然會一無所獲。要知道，人生不可能是一帆風順的，沒有失敗就不足以成功！

畢業於哈佛大學的老羅斯福說過：「普通人的成功並非天賦，而是靠把平常的天資發展到不同尋常的高度。」所以，在面對同樣的困難、挫折與失敗時，不同的人會有不同的態度，得到的結果也不一樣。有的人，在失敗後選擇了輕易放棄，讓失敗成為定局；有的人在失敗後，卻選擇再試一次，這樣的堅持讓他們最終走向的成功。

在我們的身邊，總有一些青少年因為一次失敗就選擇了放棄，也有一些青少年因為成功而不斷進取。世界上沒有人能不努力就直接成功，因為天下沒有白吃的午餐。當然也沒有人能從人生的第一步走到最後一步都是成功的。一個人只有腳踏實地，認認真真地去做每一件事，成功了，不驕傲，失敗了，不氣餒，這樣才能成為一個真正成功的人。所以青少年朋友們，即使你現在失敗了，或者經歷過無次數失敗，也不要輕易放棄自己的追求，而要堅持到底，從失敗中吸取經驗和教訓，將失敗

當成一種養料，一定要有這樣的意識 —— 世界上沒有真正的失敗，只有暫時還沒有成功！如此堅持下去，成功之花終會綻放。

哈佛小測試

你在一個小公園裡漫步，但總覺得這個公園裡缺少了什麼，會是以下哪一樣呢？

A. 鞦韆。

B. 蹺蹺板。

C. 可以溜冰的空地。

D. 帶狗散步的人。

E. 噴水池。

結果分析

選擇 A：你很容易牽掛父母家人，跌倒後第一個想法就是不能讓家人擔心，然後默默努力自己站起來。

選擇 B：你失敗時會立刻靜下來反省，並參考很多寶貴意見再重新出發。

選擇 C：你永不服輸，只想做到最好，所以會在最短的時間裡站起來。

選擇 D：你受挫後要在家人和朋友的鼓勵下才有勇氣站起來。

　　選擇Ｅ：你在遇挫後會對人性有不信任的感覺或有疏離感，因此會讓自己先浪漫一段時間再找新機會。

批評不會帶來失敗，讚美無法帶來成功

> 一個人的心靈隱藏在他的作品中，批評卻把它拉到亮處。
>
> ── 伊本・加比洛爾（Ibn Gabirol）

　　我想每位青少年都曾經受到過批評，無論是父母、老師，還是朋友、長輩，他們總是會對一些不當行為提出意見和建議。遭受批評並不算是一種愉快的經歷，批評可能會讓你感到委屈、急躁，甚至憤怒。但一個人之所以會有這樣的情緒產生，其實是由於不能正確對待批評所造成的。如果每個人對批評都能有正確的態度，能換一個角度去看待批評，也許批評就會成為每個人人生道路上的「醒世恆言」。

　　當受到批評時，人的潛意識裡都會立刻產生一種反抗情緒。有的人會立刻跳腳說「絕對不是那樣」，有的人又會委屈地掉眼淚說「我受了冤枉」，有的人還會憤怒地反駁「你才那樣」。總之，一聽到批評，大部分人的心會馬上掀起波瀾，進而情緒也就變得激動起來。但是誰又能不做錯事？誰又能沒有缺點？有人幫忙指出錯誤與缺點，但受批評者甚至連話都不讓人家說完，就用惡劣的態度去對待他人，更有甚者，憑藉自己的位高權重，對批評者施加壓力。這樣一來，的確，周圍再也沒有批評聲了，可這樣真的好嗎？來看看美國前總統亞伯拉罕・林肯的做法吧！

　　斯坦頓是林肯在任期間的陸軍部長。有一次，他生氣地罵林肯是

「一個笨蛋」，因為林肯干涉了他的「業務」。原來，林肯當時為了取悅一個很自私的政客，便簽發了一項命令，調動了軍隊。但斯坦頓卻拒絕執行林肯的命令，並大罵林肯，說他簽發這樣的命令簡直就是笨蛋行為。林肯從他人口中輾轉聽到斯坦頓說的話之後，卻並沒有發火，而是非常平靜地說：「假如斯坦頓說我是個笨蛋，那我一定就是了。因為他幾乎很少出錯，所以我想我得親自去問問到底是怎麼回事。」結果，林肯去見了斯坦頓，了解具體情況之後，他才知道是自己簽發了錯誤的命令。於是，林肯當即收回了命令，並誠懇地向斯坦頓表示了歉意。

林肯是「一國之君」，但面對批評，他沒有暴跳如雷，沒有下令解除斯坦頓的職務，而是平靜地思考，認真地聆聽。林肯能誠懇地對待他人的批評，因此也避免了很多錯誤。

哈佛大學中有這樣一句名言：「不能耐心地聽取批評，你就無法接受新事物。」在很多人眼中，批評就是刺蝟，看著難看，碰上了也扎手。但刺蝟性格溫馴，舉止憨厚可愛，有些人還將其當成寵物。其實，批評也是如此，雖然乍一聽上去很難聽，可換個角度來看的話，批評卻會對每個人有無窮的幫助。所以，向批評鞠個躬、道聲謝吧，因為批評是老師，它會讓人少走許多彎路。

人們之所以會害怕批評，多半是因為批評中往往涉及一些人們不願意面對，或者不敢面對的事實。但如果沒有批評，人就會活在自己給自己編織的夢幻的套子裡，自我感覺良好。但實際上，這套子卻漏洞百出，在外人看來和小丑無異。每個人都是社會人，都不可能脫離社會。那麼，是願意做勇於接受批評、不斷完善自己的人呢？還是甘願做「小丑」，供人取笑呢？肯定所有人都願意做前者。翻開歷史，其實很多名人都「歷盡」了批評。比如法國思想家盧梭，有人批評他說：「只有一點像

哲學家，正如猴子有一點像人類。」

　　所以，你應該感謝批評你的人，無論對方是惡意的還是善意的，無論批評使你惱羞成怒還是幡然醒悟，無論批評讓你無地自容還是良心發現。感謝批評你的人，惡意的批評更令你刻骨銘心，如果你懂得調整心態，你會發現批評無所謂惡意還是善意，因為競爭無時無刻無處不在，不能內省刺激出向上的力量，才是人生最大的悲哀。

哈佛小測試

　　你如何面對失敗？

　　現在你已經順利地答完第三題，如果就此打住，你可以得到 1,000 元，可你選擇了繼續挑戰，結果失敗了，你只得到一支原子筆。此時你做何感想？

　　A. 後悔，答完第三問時停止就好了。

　　B. 不管怎樣已經答到第四問了，挺高興的。

　　C. 這個節目遊戲規則定得不合理。

　　D. 憑自己的能力應該更好些，下次有機會再試試。

結果分析

　　選擇 A：拘泥於過去的成績，對眼下的失敗不是考慮透過今後的努力來改變，而是轉向對自己決策的責怪，態度消極，屬保守型的人。

　　選擇 B：不會無謂地逞強，是個能按自己主意辦事的務實派，競爭

意識不強烈，但知足常樂。

選擇 C：不服輸，競爭意識強烈，但在競爭中往往以自我為中心，一旦遇到挫折常常把責任推向客觀因素，少有自省。

選擇 D：坦然面對失敗，將失敗的苦澀轉至期待下一次的成功上，競爭意識強烈，鬥志旺盛，富於實作精神，認準一個目標能百折不撓地做下去。

失敗之後的反省、總結、規劃三部曲

對於不屈不撓的人來說，沒有失敗這回事。

—— 奧託・馮・俾斯麥（Otto von Bismarck）

哈佛告訴學生：「在失敗中吸取教訓，透過積極反省來扭轉乾坤。」這句話的關鍵詞就是「扭轉」。真正的反省是透過行動來表達的，是要靠行動來實現的。別被過去的錯誤束縛住，也不要將過去的錯誤丟在一邊，時時用其提醒自己，不斷完善自己，才能不斷進步。

原本以為自己一切做得都很好，但忽然有個人在一旁大加指責，說著尖刻的話語，點出一個人可能最不願意聽的事實。這種來自他人的批評指責，可能是很多人都難以接受的。在他人的指責之下，能夠立刻認真反省並思考的人，才是真正想要進步並最終取得進步的人。他人的指責是一種推動力，會促使每個人不斷完善自我。別將這種指責看成是「別人與我過不去」，只有反省的態度才會使自己受到他人的尊敬與喜愛。

指責之下，立刻誠心反省，這其實也是一種與人交往的技巧。這樣指責者不會覺得自己的指責無效，而被指責者也能發現自己的錯誤。如此一來，兩人的語氣都能緩和下來，不會引發不必要的爭吵。不過，這裡有一點值得注意，反省就是要承認自己的錯誤，不能賭氣。有時，有些人受到他人指責之後，賭氣說：「我錯了，行了吧！」這絕對不是反省，這只可能激怒自己，並激怒對方，如此下去一場爭吵不可避免。

哈佛有句名言：「人生不怕犯錯誤，怕的就是錯得沒價值。」什麼叫「沒價值的錯誤」？就是指那些自己已經知道，卻不積極改正的錯誤。歷史上成功的人，都會將自己的錯誤看成是有價值的錯誤，他們正是透過不斷地改正這些錯誤，才最終有所成就。

英國著名小說家狄更斯（Charles Dickens）就對自己有一個規定：每當文章寫好後，那些沒有經過認真檢查、糾錯的內容，是絕對不會輕易讀給大眾聽的。所以，狄更斯會將已經寫好的內容自己讀上一遍，發現問題後就立刻改正。而且每天都要重複一次這種行為，就這樣直到 6 個月之後，他才會將自認為已經再也沒有問題的內容讀給大眾聽。

法國小說家巴爾札克（Honoré de Balzac）與狄更斯的做法類似，他每次寫完小說後，都會花很長一段時間修改，直到最後定稿。而這個時間，有時候需要花費幾個月，有時候則需要花費幾年。可以說，正是這種不斷自我反省、修正的態度，才讓這兩位作家都取得了舉世矚目的非凡成就。

有人可能不理解狄更斯與巴爾札克的做法，認為他們對自己過於嚴苛，但巴爾札克的回應卻是，只有懂得在成功時反思自己的人，才能獲得真正的成功。事實正是如此，失敗能讓一個人看到自己更多的

薄弱面。不過，失敗雖然是資產，卻絕對不能像投資那樣去「放長線釣大魚」。越早發現漏洞，越容易彌補；越早看到錯誤，錯誤才會越容易糾正。

那麼，如何讓失敗變為成功的墊腳石呢？

相信沒有永遠的失敗

哈佛人認為：「世上沒有永遠的失敗，只有暫時的不成功。」任何困難都是有辦法解決的，只是暫時沒有找到解決的方法而已。在不相信失敗的人眼裡，一切阻礙成功的困難都只是「紙老虎」，相信自己總有一天會把「紙老虎」趕走，贏得屬於自己的一片森林。

注重研究過程

有的人過於看重結果，一旦失敗之後往往糾結於失敗這個結果，而忽視了研究導致失敗的過程。每一個結果都是由過程決定，研究過程也就是總結原因，只有仔細分析過程，才可能找到失敗的根源，並且總結避免再次失敗的方法。

人之一世，殊為不易。在看似平坦的人生旅途中充滿了種種荊棘，往往使人痛不欲生。痛苦之於人，猶如狂風之於陋屋，巨浪之於孤舟。百世滄桑，不知有多少心胸狹隘之人因受挫放大痛苦而一蹶不振；人世千年，更不知有多少意志薄弱之人因受挫放大痛苦而意志消沉；萬古曠世，又不知有多少內心懦弱的人因受挫放大痛苦而葬身於萬劫不復的深淵……面對挫折，我們不應放大痛苦，而應直面人生，縮小痛苦，直至

成功的那一天。

　　哈佛商業評論中提到：要接受失敗，接受悲傷，然後化悲傷為力量，將失敗踩在腳底下，一步步邁向成功。在失敗面前，積極努力地研究並尋找失敗的原因，並總結出下一次進攻的方案，那麼你就是在進步。這樣的話，你就沒有失敗可言，一切的失敗都只是成功的墊腳石。

哈佛小測試

　　你是一個懂得自我反省的人嗎？

　　當你在全民面前，做了一件失敗的事時，你有什麼感覺？請選出與你的想法相近者。

　　A. 恨不得一死。

　　B. 依大家反映的情況道歉。

　　C. 馬上離開現場。

　　D. 覺得無所謂。

結果分析

　　選擇 A：自尊心很強，是個任性的人，過失被發現時，就想否定自己的一切。

　　這種人具有強烈的反省力，但這種能力會影響自己的性格，使自己變得內向而神經質。

選擇 B：認為人非聖賢，孰能無過，無論失敗還是成功，都不足以改變人生的方向，是個大膽而性格專一的人。

選擇 C：這種人感情脆弱，想到對方不知會怎樣批評自己的錯誤，就覺得似乎世界末日降臨，只想逃避，是個消極、懦弱的人。

選擇 D：個性倔強，對朋友很重感情。會反省自我、約束自我的人，在責任感和熱情的驅使下，常會做出一些輕舉妄動的事。

就算大考失利，人生也照樣可以很美好

生命是美好的，一切事物是美好的，智慧是美好的，愛是美好的！

—— 羅歇・馬丁・杜伽爾（Roger Martin du Gard）

大學考試，這種人才選拔的機制，有利有弊。有人說大考是「鯉魚躍龍門」，也有人說大考是「千軍萬馬過獨木橋」。而隨著社會發展，隨著經濟、教育、文化的領域變遷，大考已經不再是往日的「龍門」，也不再是通往成功之路的「獨木橋」。

當然，一些傳統觀念的思想還是存在的。大考落幕之後，往往幾家歡喜幾家愁。大考順利，自然萬事大吉，大考結束後的長假便每天都充滿陽光，學子們可以在陽光中感受生活的美好。而對於有的考生來說，可能一分之差便與渴望的大學失之交臂。「大考失利，出路在哪裡？」、「考不上心儀的大學，該何去何從？」、「錯過了這次機會，未來又在哪裡？」……這些消極的情緒，這些煩惱與迷茫充斥著大考結束之後的整個暑假。甚至於，有的大考落榜生，往往以分數「否定自我」，否定自己

未來的前途，以及自己以後的人生。

　　擔任哈佛大學校長 20 年之久的美國著名教育家科南特（James Bryant Conant）曾經說過，哈佛學子的成功，正是哈佛素養教育的結晶，而不是應試教育。只要你願意堅持不懈地追求真理，那麼一樣可以打造卓越人生。

　　其實，如果一次大考失利，並不意味著你就是個失敗者。考試成績不好，只能證明你能力的一部分不足而已，而人的成功需要的是綜合能力。比如之前的章節提到的溝通能力、發現問題和解決問題的能力、克服困難的能力等，好好培養這些無人替代的才能，你同樣可以通往成功。並且，成才的機會不僅僅是大考。不放棄，不灰心，那麼一定可以活出與眾不同的人生。

　　對於家長和考生們來說，何必這樣糾結於一次改變的機會呢？與其苦苦掙扎在大考失利的痛苦中，還不如放遠眼光，尋求大考之後的另外出路，為自己的未來爭取更多的機會。

　　沒有如願取得大考成績的學子們，可以參考下面的建議，為自己開闢另外的成才之路。

重考

　　如果考生還是想透過大考來走上大學之路，這樣的想法也未嘗不可。重考是一個普遍的選擇。透過準備重考來提高能力，第二年大考重新來過，也不失為一個方法。第一年大考失利，但是第二年順利考上心儀學校的例子也不在少數。不過，重考是條有風險的路，不僅僅要付出一年的時間，有時候也會給自己帶來過大的壓力。所以，要慎重選擇。

就業

　　大考失利之後直接就業，可以較早地接觸社會，體驗人生百態。等到同齡人大學畢業的時候，你已經擁有了三四年的工作經驗。雖然學歷上比不上大學畢業生，但是工作經驗往往比學歷更加有說服力。

其他途徑讀大學

　　上大學的途徑不僅僅是大考，就算大考成績不理想，學子們也可以透過特殊選才、繁星推薦、申請入學等途徑實現自己的大學夢。

出國留學

　　大考成績不高，但是你的人生並沒有因此而黯淡，國內的大學上不了，不等於國外大學的大門不向你敞開。前面的章節也提到過，國外的大學更多地注重綜合能力，出國留學也是實現自己人生價值的選擇之一。

哈佛小測試

　　第一步：請拿出一張白紙，在紙上畫一條線段，起點代表你的生命的開始，終點則是生命的結束。按照平均壽命，生命的終點為 70 ～ 75 歲。

　　第二步：線上段上找出自己現在的點。可以是線段的 1/2，2/3，1/3，1/5……

第三步：給你一分鐘時間，想想在你出生到現在，生活中發生的最重要的事情是什麼，對你的生活有什麼影響。並把它們寫出來。

第四步：線上段的終點點上一點，這就是你的終點——人生的結束時刻。

第五步：再用一分鐘的時間，想想在今後的「餘生」中還有什麼夢想，並寫出實現夢想的具體時間。

結果分析

參加這個測試的人，在白紙上從自己的出生開始到求學、工作、結婚、生子做出一生的規劃。他們會想到自己曾經設想過的美好未來，以及沒有來得及實現的夢想。比如：30 歲之前想要一個孩子，兩年內想買輛車，40 歲想有屬於自己的房子，45 歲時想陪孩子上大學、60 歲退休前想看到兒女結婚生子有一個幸福的家，60 歲退休後想要和老伴周遊世界好好享受生活……

測試結束之後，測試人會突然發覺時間不夠用，發覺其實自己很熱愛生活，在生活中還有很多的夢想等著去努力實現，生活其實很美好。

優秀來自百分百的努力

走正直誠實的生活道路，必定會有一個問心無愧的歸宿。

—— 高爾基（Maxim Gorky）

《美國新聞與世界報導》（*U.S. News & World Report*）每年都會給美國私立大學排名。2006 年奪得首位的是普林斯頓大學，哈佛大學緊跟其後，排在第二。但是和第一名比起來，哈佛只有一分微小的差距。但是這絲毫不影響哈佛在全世界的一流名校之稱，也不會影響來自全世界各地的莘莘學子對哈佛的嚮往。

在哈佛的校園裡經常聽到，同學之間說要互相幫忙、一起努力，很難聽到為了成為第一名而努力。這裡的學生都很優秀，沒有必要就誰最優秀的問題一爭高下，只要自己做好即可。哈佛的一位學生曾經說道：「我覺得最重要的是『盡力做』。進入哈佛學習本身就是在追求最高目標了，在這個過程當中，判斷自己是否已經盡全力，不爭當一個『第一』的虛名更加重要。」

曾經，連續五年來，某高中大考成績名列全國前茅，有媒體對該校所有考上名校和明星大學的學生做過一次採訪，當被問及「是否想過當第一」這個問題的時候，幾乎所有的大考優等生都回答了「沒有」。這有些讓記者意外，當追問原因時，他們的回答也驚人的相似：只爭取自己做到最好，不強求第一。

古人云：謀事在人，成事在天，不可強也！但是不爭「第一」，不代表不求上進，而是盡自己所能，努力之後，結果不做強求。

那麼，如何更容易理解不爭「第一」的背後意義，如何做到不爭「第一」背後的竭盡全力？以下幾個心理暗示，可以幫助青少年朋友們養成積極進取的習慣，培養精益求精的精神。

你永遠都不知道，還有多少人比你更努力

你一天上八節課加一節晚自習，可你不知道夜深人靜時還有多少人挑燈夜戰；你可以一天寫完兩支筆芯，至少三套試卷，可你不知道有多少人做完試卷之後，自己又做模擬考；你可以早起十分鐘、晚睡十分鐘記幾個單字和成語，可你不知道還有多少人早起晚睡了半小時。總有人比你努力，而你永遠不知道這些比你努力的人有多少。

坦然面對失敗，其實我可以做得更好

其實我們只要多想一步，就會有更多的發現；其實我們多考慮一點，就會收到不一樣的效果；其實我們多努力一下，可能就會扭轉整個局面；其實，我們可以做得更好。面對失敗，重新站起，它和我們身體免疫系統的運作方式相同。當我們身體不適或生病時，我們實際上會免疫得過的病，這是因為我們的身體感應到抗體，透過失敗獲得免疫力。在心理層面也相同，成長的途徑只有這一條，健康的生活、真實的生活、快樂的生活看起來基本上都像一個，起伏的螺旋，而不是一條直線。一時失足而導致失敗，是不可避免的。

不能害怕犯錯，失敗了還可以再試一次

階段的成功只是新的開始，不管是成功的道路，還是成長的路程，都還很長、很遠。不要躺在成績單上睡大覺，抬起頭繼續走，永不放棄不是一句空話。

生活中常常會有這樣一些規律：登山的難度不在於腳下開頭的幾千

公尺，而在於即將登頂的幾十公尺甚至幾公尺；走出死亡沙漠的不一定是跑得最快的人，而是堅信自己能夠活著走出去，並朝著一個方向堅定不移地走下去的那個人。所以，人生的道路不可能一帆風順，挫折與困難在所難免，但關鍵是當你多次努力後沒有成功時，還能否繼續堅持，再試一次？其實，再試一次，成功就會和你握手，享受生活的美麗。再試一次，既是對自己的努力與付出所給予的肯定，也是對將做的下一次的積極鼓勵。再試一次的念頭會讓你對自己下一步的行動產生一種躍躍欲試的衝動，會有一種繼續努力的強大動力。

哈佛小測試

你是否夠努力？

在課堂上所表現出的一些微不足道的小事，也可能看出你是否夠努力。請問，你在課堂上聽老師講課時通常會採取怎樣的方式？

A. 認真地看著黑板，將老師講的全部記下來。

B. 只將老師講的重點記下來，下課後再回想一下。

C. 有選擇性地做筆記，標出疑難的地方，下課後再系統地複習。

D. 以「考前猜題」的心態聽課，抓住老師反覆強調的內容。

結果分析

選擇 A：你是一個勤奮好學的人，不過在學習方法上還需要改進。

選擇 B：你的理解能力超強，因為時常抓住重點，所以成績一直不錯。

選擇 C：你是一個很注重系統學習的人，在學習上有自己的一套方法、方式和習慣。

選擇 D：你的學習動機不太恰當，總想著投機取巧，而不踏實學習。

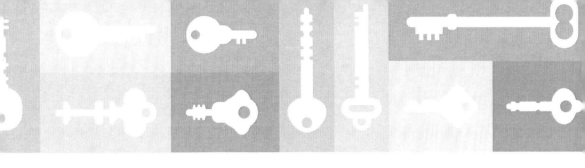

第九章
做永遠的 NO.1：
習慣優秀才會優秀

　　榮譽是一個人的資本，一個人的成績，可是如果對過去的榮耀死守不放的話，我們就可能一事無成。所以我們不妨選擇放下，放下這些曾經的輝煌和榮耀，再輕裝上路，不斷地超越自己。

哈佛畢業生可怕的領袖氣質

做一個傑出的人，光有一個合乎邏輯的頭腦是不夠的，還要有一種強烈的氣質。

—— 司湯達

在每年的畢業典禮上，哈佛大學的校長都會這樣告誡學生：「不管你們在校時多麼優秀，畢業後都會是一個零，都是一張白紙，在社會的浪潮中，唯有那些具有領袖氣質的人，才能成就一番大事。」哈佛校長所說的「領袖」，不僅是在一個團體中充當著核心的角色，同時還能夠透過言行指引團體出色地完成某些任務。從公司角度來看，這是一種管理能力的展現；從人格來看，更是一種難能可貴的人格魅力。

青少年朋友千萬不要以為「領袖氣質」離自己很遙遠，其實具有這種領袖氣質的人並不一定是高層管理者，無論在大團體還是小團體中，總會有個能夠說服他人、引導他人、調配他人的人出現，而這種人往往就是具有領袖特質的人。

在任何一個團隊中，總有某一個人充當著核心的角色，他的言行能夠被團隊認可，並指引著團隊的某一些決策和行動。我們可以把這種人所具備的人格魅力稱為「領袖氣質」。具有這種領袖氣質的並不一定是高層的管理者，在任何一個團隊中，小到幾個人組成的辦公室，大到一個集團，總會有一個人具有說服他人、引導他人的能力。在某種程度上，「領袖氣質」也可以被認為是人格魅力的一部分。

領導者位居核心，這是領導者工作的基本特點，但是，領導者怎樣才能真正以人格魅力造成核心的作用，這就需要領導者的人生境界修煉

要越來越高，即所謂登高望遠。

美國歷史上威望最高的羅斯福總統說過這樣的一段話：「一位最佳的領袖必是一位知人善任者。而在下屬甘心從事其職務時，領袖要有約束力量，切不可插手干涉他們。」同樣身為總統的理查‧尼克森（Richard Milhous Nixon）也說過：「我有一個原則，就是拒絕做別人可以做的決定。領袖的第一條原則就是只做該做的大決定，不要把自己搞得瑣事纏身，不要把自己變成問題。」

對下屬信任會換來同等的信任與尊敬，這會成為一針興奮劑，鼓勵大家竭盡全力，做好事情。一句信任的話，一個鼓勵的眼神都是展示領袖魅力、換取追隨者忠心的簡單而有效的辦法。領導者必須能與自己的手下分享資訊，展開真正的溝通，直到他們每個人都知道而且共享相同的遠景目標為止。

哈佛大學在培養管理人才時，常說這樣的一個觀點：培養下屬就放手讓他們去做，對於一個領導者而言，「無為」就是最高的境界。比爾蓋茲說：「我採取的領導方式就是，放任，不用任何規章去束縛員工，讓他們在無拘無束的信任氛圍中，發揮每個人的創意和潛能。」優秀的管理者，最善於用信任來獲取員工的心，而且還懂得既「信」又「用」。信而不用，這種「信」就不是真信。用而不信，員工心中就難免存有疑慮，「用」也用不好。

管理者應該在信任的基礎上，根據具體需要，把可以授權的事，分派給下屬，讓他們發揮自己的才幹，為企業做出貢獻，從而把自己有限的時間和精力，用在更重要的決策上去。

1960 年代初，美國白宮為美籍匈牙利科學家、空氣動力學創始人馮‧

卡門（Theodore von Kármán）舉行授獎儀式。81歲的馮‧卡門患有嚴重的關節炎，從領獎臺走回時不慎閃了一下，甘迺迪總統趕忙上前去攙扶。此時，馮‧卡門說了一句事後廣為流傳的話：「尊敬的總統閣下，您應該知道物理學的一個常識，大凡物體向下跌落的時候，是不需要任何浮力的，只有在上升的時候才需要支持和幫助。」是的，他講了一個極為普通的道理。不僅在自然界是如此，而且在社會中也是如此。在人生階梯的攀登中，誰都需要扶持，而主動扶持下屬是展現領導素養的一個重要方面。

哈佛的畢業生都有一種「可怕」的領袖氣質，他們明白一個道理：不事事包攬，管好自己的人，辦好自己該辦的事，這是一個優秀領袖必備的氣質。這樣的領袖才會輕鬆而遊刃有餘，向世界奉獻傑出的成就。青少年想要成為一名優秀的領導者，就應該擁有知曉他人的能力，並且能夠信任他人。在下屬甘心從事某一項職務的時候，你要有約束力量，但不要輕易插手或干涉他們。

哈佛小測試

你能夠成為精神領袖嗎？

有不少人從小就開始蒐集郵票，小小方寸之間，就如同一幅袖珍畫一般，精緻而耐人尋味。那麼，在眾多集郵主題之中，你偏愛哪一種？

A. 繪畫藝術。

B. 風景名勝。

C. 活動紀念。

D. 人物肖像。

結果分析

選擇 A：你的品味獨特出眾，所以有不少人都在暗中關注你最近買了什麼，或是又在參與什麼活動。因為你的選擇很少出錯，可以直接模仿、跟進，不必擔心會帶來什麼負面的影響。所以你簡直就是大家的精神指標，一舉一動都受到矚目，身邊有不少一窩蜂地流行風潮，大概都是被你帶領起來的吧。

選擇 B：你不願左右別人的想法，很少表達個人主觀的意見。可是當有人來向你徵詢的時候，你會試著將所有相關因素分析給對方知道，提供詳盡的資料，讓那個人能夠自行判斷選擇，你認為這樣做才是最合宜的方式。雖然沒有給予具體的解決方案，可是你的做法也正符合求助者的需要，所以在別人心中，你的意見占有舉足輕重的分量。

選擇 C：你說的話對大家都挺有幫助的，因為見多識廣，資訊來源又多又有效率，只要給幾個關鍵詞，你就可以從功能超強的大腦記憶體中調出相關資料。所以大家都會把你奉若「傳播之神」，因為你在資訊流通方面貢獻不少心力。你所探聽的事情範圍廣，所以能應付各種人的要求，不過若要更深入地剖析，可就要再另請高明了。

選擇 D：你做事循規蹈矩，總是照著步驟來做，不會有好高騖遠的心態，所以成功的機率頗大。誠懇的做事態度，還有穩健踏實的腳步，都讓人很想追隨在你身後，向你學習。因為你也不會藏私，有什麼不錯的想法和體會，都很樂意與其他人分享，而成為一個能夠帶領團隊成長的領導者。

閱讀習慣是一種文化素養

　　書籍是全世界的營養品。生活裡沒有書籍，就好像沒有陽光；智慧裡沒有書籍，就好像鳥兒沒有翅膀。

—— 莎士比亞

　　一位已經卸任的哈佛大學校長告訴他的學生：「人，若是能養成每天讀 10 分鐘的習慣，則二十年後，必判若兩人。」這是一個十分有益的告誡，說明學習成才貴在養成良好的讀書習慣。哈佛大學的教授給學生算過這樣一筆帳：如果每天花 15 分鐘看書，一個中等水準的讀者讀一本一般性的書，每分鐘能讀 300 字，15 分鐘就能讀 4,500 字。一個月是 135,000 字，一年的閱讀量可以達到 1,620,000 字。而書籍的篇幅從 60,000 字到 100,000 字不等，平均起來大約 80,000 字。每天讀 15 分鐘，一年就可以讀 20 本書，這個數目是相當可觀的，遠遠超過了世界上人均年閱讀量，而且這並不難實現。

　　在瞬息萬變的現代社會，各種知識更新極為迅速。如果青少年朋友只滿足於已經掌握的那點知識而不能與時俱進地吸收新的資訊、新的知識，不能利用各種手段為大腦「充電」，那麼終究有一天會被社會淘汰。

　　世界上沒有天才，非學就無以成才，讀書無疑是知識累積的最好方法，書是人類的精神食糧，也是成大事者的必備之物。「天下才子必讀書」這似乎已是一條規律，不知你是否注意過下面這些情況，它們或許可以讓你對這一規律理解得更深刻。

　　書雖然是一種沒有聲音的東西，但是它對人類的影響卻是非常深遠的，如果你經常閱讀各行業成功人士的傳記或者是自傳，並認真地思

索，你就有可能從中找出適合自己的成功之路來。

俄國著名的學者赫爾岑（Alexander Herzen）說過：「書是和人類一起成長起來的，一切震撼智慧的學說，一切打動心靈的熱情都在書裡結晶形成；書本中記述了人類生活宏大規模的自由，記述了叫作世界史的宏偉自傳。」

書籍蘊含著千百年來人類的智慧與理性，正因為其中的人性之處，才使得一些書偉大、燦然有光。書籍是一種工具，它能在黑暗的日子鼓勵你，使你大膽地走入一個別開生面的境界，使你適應這種境界的需要。

閱讀習慣是一種文化素養，是國民尤其是國家未來的棟梁 —— 青少年素養中的一個重要組成部分。

在哈佛大學的圖書館裡有這樣一條館訓：「現在睡覺的話，會做美夢；而現在讀書的話，會將美夢變為現實。」

一位名叫勞倫斯的青年人到美國旅遊時，首站就選了哈佛大學。而參觀哈佛大學的第一件事，就是到維德勒圖書館。哈佛大學的維德勒圖書館藏書有 345 萬冊，這只是哈佛大學 100 多座圖書館中極為普通的一座。然而，這座普通的圖書館卻顯得與眾不同。

由新英格蘭紅磚砌築的堅實牆體外，聳立著兩塊石碑，其中一塊的碑文是：「維德勒，哈佛大學學生，生於 1885 年 6 月 3 日，1912 年 4 月 12 日與鐵達尼號一起沉入大海。」另一塊碑文為：「這座圖書館由維德勒的母親捐建於 1915 年 6 月 24 日。館內最有意義的一本書是《培根散文集》（*Essays*）。」

勞倫斯看著這兩塊石碑，心想，這其中一定隱藏著什麼故事，於是

他多方打聽，終於知道了故事的真相——

當年，鐵達尼號在茫茫大海中沉沒之時，維德勒和他的母親一起正準備登上小船逃生。突然，維德勒轉過身，讓母親先上小船，自己卻要返回船艙。他告訴母親：「我忘了帶《培根散文集》了，我不能讓這本我喜愛的書沉入海底！」就這樣，愛書如命的哈佛學子維德勒，為搶救一本書，最終和書一起沉入海底！

在圖書館中廳的一角，勞倫斯終於找到了渴望已久的那本《培根散文集》。那本書已經完全褪色了，極普通的紙質，沒有精美的包裝，擺放於一個不大而密封的玻璃框內。這本書是維德勒的母親捐建該圖書館後，購買的第一本書。它已經在這裡靜靜地躺了 95 個年頭了。在書的下方寫著這樣一行字：「書與維德勒同在！」

勞倫斯屏住呼吸，深深地凝望著這本極富生命力的書，彷彿看到當年維德勒緊抱著它在蒼茫冰冷的海水中掙扎，然後一起沉入海底時的悲壯情景……

勞倫斯被深深地感動了，當他走出維德勒圖書館，久久地深情地望著正沐浴於燦爛陽光下的哈佛校園時，心中竟然莫名地歡快起來。哈佛的塑像屹立於舊校園的牆前，路上的行人，不見濃妝，沒有豔服，只有匆匆的腳步；湖邊、樹下、草坪上，到處是學子們讀書、記錄、思考問題的情景。

哈佛大學占地 154 公頃，隨處可見用新英格蘭紅磚建築的圖書館。在哈佛人看來，書就是生命。可以毫不誇張地說，在哈佛大學每個人就是一座圖書館！

在現實社會中，青少年朋友要養成閱讀的習慣，說難也難，說易也

易。只要經常有計畫、下意識地拿起書來閱讀學習，並且日復一日地堅持下去，久而久之，讀書的習慣也就自然而然地養成了。

哈佛小測試

有一套英文書共 10 本，依次放在書架上。每本書 100 頁，十本共 1,000 頁。一條蛀蟲從第一本書第一頁起，一直蛀到最後一本書的最後一頁，它一共蛀了幾頁？

答案

999 頁。

你選擇了什麼，就會得到什麼

並不是付出就能有回報，關鍵在於你選擇了什麼。選擇什麼，你就會得到什麼，但是如果你什麼都想選擇，那麼什麼都不會選擇你。

—— 約翰・艾勒斯

人們常說，人生就好像一條曲線，起點和終點是無法選擇的，而起點和終點之間充滿著無數個選擇的機會。很多人的生活就像秋風捲起的落葉，漫無目的地飄蕩，最後停在某處，乾枯、腐爛……這都是由於不

懂得選擇，也就意味著向命運妥協。因此，為了促進個人的成長，達到個人的幸福，你必須學會駕馭生活，懂得選擇的智慧。你必須自己選擇服裝，自己選擇朋友，自己選擇工作，自己選擇人生……

有一天，古希臘哲學家蘇格拉底的三個弟子來求教他，怎樣才能找到理想的伴侶。蘇格拉底沒有直接回答，而是讓他們穿過麥田，只許前進，且僅給一次機會選摘一支最好最大的麥穗。

第一個弟子走幾步看見一支又大又漂亮的麥穗，高興地摘下了。但他繼續前進時，發現後面有許多比他摘的那支大，只得遺憾地走完了全程。

第二個弟子吸取了教訓，每當他要摘時，總是提醒自己，後面還有更好的。當他快到終點時才發現，機會全錯過了。

第三個弟子吸取了前兩位的教訓，當他走到三分之一時，即分出大、中、小三類，再走三分之一時驗證是否正確，等到最後三分之一時，他選擇了屬於大類中的一支美麗的麥穗。雖說這不一定是最大最美的那一支，但他滿意地走完了全程。

有時候，放棄並不完全代表著失敗和氣餒，明智的放棄是為了得到。有時，選擇了放棄，便選擇了成功和獲得。

在生活中，總有很多的無奈需要我們去面對，總有很多的道路需要我們去選擇。放棄一些原本不屬於自己的，去把握和珍惜真正屬於自己的，去追尋前方更加美好的東西！放棄一些繁瑣，為了輕便地前行；放棄一絲悵惘，為了輕快地歌唱；放棄一段悽美，為了輕鬆地夢想。放棄，是一種傷感，但更是一種美麗。

勞倫特畢業於哈佛大學，他是一位很有抱負心的年輕人。在哈佛的

畢業典禮上，他信誓旦旦地向導師保證，自己將來一定能在社會上取得一番不小的成就，可是現實終究是殘酷的，勞倫特屢屢碰壁，許多年過去了，仍然一事無成。於是，他來到一個富翁的家裡，向對方請教成功的訣竅。

富翁弄清楚勞倫特的來意後，什麼也沒有說，只是轉身從廚房拿來了一個大西瓜。勞倫特有些迷惑不解，不明白富翁要做什麼，只是睜大眼睛看著富翁把西瓜切成了大小不等的三塊。

「如果每塊西瓜代表一定的利益，你會如何選擇呢？」富翁一邊說，一邊把西瓜放到勞倫特面前。

「當然選擇最大的那塊！」勞倫特毫不猶豫地回答。

富翁笑了笑說：「那好，請用吧！」

於是富翁把最大的那塊西瓜遞給了勞倫特，自己卻吃起了最小的那塊。當勞倫特還在津津有味地享用最大的那一塊時，富翁已經吃完了最小的那一塊；接著，富翁很得意地拿起了剩下的一塊，還故意在勞倫特眼前晃了晃，然後大口地吃了起來。

其實，那兩塊小的加起來要比最大的那一塊分量大得多。勞倫特馬上就明白了富翁的意思：富翁吃的那兩塊西瓜雖然都沒有自己吃的那塊大，可是最後卻比自己吃得多。如果每塊西瓜代表一定程度的利益，那麼富翁贏得的利益自然要比自己的多。

最後，富翁對勞倫特語重心長地說：「一個人想獲得成功，必須懂得選擇的智慧，我們在做出選擇時，也放棄了人生的另一種可能。所以，做任何抉擇都要慎重地選擇，要懂得選擇與放棄的智慧。」

在人的一生當中，常常要面臨許多選擇，也要做出一些放棄。所以

你必須審慎地運用你的智慧，有所選擇，有所放棄，做出最正確的判斷，選擇屬於你的正確方向。別忘了隨時檢視自己選擇的角度是否產生偏差，適時地給予調整。

當青少年真正做出了選擇之後，就要付諸實際行動，當你真正養成「選好了就去做」的人生態度時，你就掌握了向成功邁進的祕訣。哈佛人常說：「你的能力加上你的選擇，決定了你的未來。」只有那些選好了就立即行動的人，他們的效率才會驚人的高，往往也只有這樣的人，才能做出一番大事業來。

哈佛小測試

有一位國王強迫首相辭職，於是在帽子裡放了兩張紙條，請法官作證，說如果首相抽出的紙上寫著「留」，他便可留任；寫的是「去」，他便應辭職。但國王在兩張紙上都寫了「去」字。首相抽出紙條後，法官竟判他留任。首相究竟有什麼妙計？

答案

首相隨機取一紙條，然後吞下。法官只能看剩下的紙條，因為剩下為「去」，所以法官推斷吞下去的紙條必是「留」。

走自己的路，成功者需要走不尋常的路

對於學者獲得的成就，是恭維還是挑戰？我需要的是後者，因為前者只能使人陶醉，而後者卻是鞭策。

—— 巴斯德（Louis Pasteur）

哈佛大學的教授們經常說的一句話就是：「這個世界上沒有什麼不可能。」哈佛學子也受到這一理念的鼓舞不斷挑戰常規、挑戰自我。我們平時也經常聽到「不走尋常路」這句話。走自己的路，就意味著走與眾不同的路，步人後塵不會擁有光輝的前景，另闢蹊徑才可能開拓出一個嶄新的未來。因為沒有哪一個人的成功之路是靠別人開闢的，也沒有哪一個人的成功之路是上天打造的現成的風光之旅。

讓我們來切一個蘋果吧。如果給你一把刀，一個蘋果，你可能會從蘋果頭往蘋果底縱切。但是你有沒有想過橫腰切蘋果呢？切成之後它會成為另一種圖案，又會成為菜餚的裝飾。這就是一種不走尋常路，在生活中簡單而富有哲理的例子。試想一下，在生活中我們何不嘗試一下走不尋常的路呢？

萊斯利是蘇富比拍賣行的拍賣師。越戰期間，他在一次募捐晚會上以自己的智慧募集到一美元。當時，他讓大家在晚會上選一位最漂亮的女孩，然後由他來拍賣這位女孩的一個吻，最後他募集到了難得的一美元。當好萊塢把這一美元寄往越南前線的時候，美國的各大報紙都對此報導，萊斯利也因此一舉成名。

德國的一個獵頭公司因此認為萊斯利是棵搖錢樹，若能運用他的頭腦，必將財源滾滾。於是，這家公司建議日漸衰落的奧格斯堡啤酒廠重

金聘萊斯利為顧問。後來，萊斯利移居德國，受聘於奧格斯堡啤酒廠。他果然不負眾望，開發了美容啤酒和浴用啤酒，從而使奧格斯堡啤酒廠一夜之間成為全世界銷量最大的啤酒廠。

1990 年，萊斯利以德國政府顧問的身分主持拆除柏林圍牆。這一次，他使柏林圍牆的每一塊磚，都以收藏品的形式進入了世界 200 多萬個公司和家庭，創造了城牆磚售價的世界之最。

到了 1998 年的時候，萊斯利返回美國。他下飛機的時候，美國賭城拉斯維加斯正上演一齣拳擊鬧劇：泰森（Mike Tyson）咬掉了霍利菲爾德（Evander Holyfield）的半隻耳朵。出人意料的是，第二天，歐洲和美國的超市裡竟然出現了「霍氏耳朵」巧克力，其生產廠家正是萊斯利所屬的特爾尼公司。這一次，萊斯利雖因霍利菲爾德的起訴輸掉了營業額的 80％，然而，他天才的商業洞察力卻為他贏得了年薪 3,000 萬美元的身價。

21 世紀到來的那一天，萊斯利應休士頓大學校長曼海姆的邀請，回母校做創業方面的演講。

演講時，一個學生當眾向他提出這麼一個問題：「萊斯利先生，您能在我單腿站立的時間裡，把您創業的精髓告訴我嗎？」那位學生正準備抬起一隻腳，萊斯利就已答覆完畢：「生活教會我們只有不走尋常路，才有路可走。有勇氣、有智慧的人們通常會選擇走一條人跡罕至的道路，因為另闢蹊徑才有可能留下深深的足印。」

生活中，我們常常徬徨在人生的路口，看不見前進的方向，這時我們會急著尋求成功者的幫助。一旦他們開口，便被人們奉為至理名言；一旦他們指路，就被人們視為成功的捷徑。於是，不論男女老幼，人們

一窩蜂地踏上所謂的「成功之路」。每個人的成長就像一個模子刻出來的，毫無特色，更不用說成功。然而，即便成功也僅僅是少數人的成功，他們也僅僅成為更多人的影子。殊不知，在通往成功的路上，每個人都有一條自己獨有的路，一條不尋常的路。

不走尋常路是內心的覺醒，是思維的革新。我們的人生要遇到很多的十字路口，抉擇是件很困難的事，不走尋常路往往會走出一條不同尋常的人生。

蘇聯「宇宙之父」齊奧爾科夫斯基（Konstantin Tsiolkovsky），少年時患猩紅熱而耳聾，被趕出校門。但他並不像平常人一樣放棄自己，而是自己自學，最終成就了不凡的事業。德國詩人海涅（Heinrich Heine）生前最後八年是躺在「被褥的墳墓」中度過的，他手足不能動彈，眼睛半瞎，但他並不像尋常人一樣自暴自棄，依舊發出生命之光，海涅吟出了大量譽滿人間的優秀詩篇。齊奧爾科夫斯基不走尋常路，終成科學家。海涅不走尋常路，終成詩人。因此，在人生路上，不走尋常路，是發自內心的覺醒。

哈佛告訴我們，一個富有戰鬥力的人生需要面對永無止境的選擇，在這些選擇中走一條不尋常的路。不要因一時的美麗而逗留，也不要因自己的平凡而低頭，我們要不走尋常路，因這不尋常的路而笑對蒼天。

哈佛小測試

有三個人去住旅館，住三間房，每一間房 10 美元，於是他們一共付給老闆 30 美元；第二天，老闆覺得三間房只需要 25 美元就夠了，於是

叫小弟退回 5 美元給三位客人，誰知小弟貪心，只退回每人 1 美元，自己偷偷拿了 2 美元，這樣一來便等於那三位客人每人各花了 9 美元，於是三個人一共花了 27 美元，再加上小弟獨吞了 2 美元，總共是 29 美元。可是當初他們三個人一共付出 30 美元，那麼還有 1 美元呢？

答案

應該是三個人付了 9×3=27，其中 2 美元付給了小弟，25 美元付給了老闆。

不知足 —— 追求完美才能更優秀

> 對真理和知識的追求並為之奮鬥，是人的最高特質之一。
>
> —— 愛因斯坦

很多學者都在研究哈佛的教育模式和成功經驗，最終，他們得出了這樣一個結論：在哈佛，每個學生都具有「不知足」的精神。每個學生都知道，只有不知足才能有追求，有追求才能上進，不知足可以刺激不斷向前、不斷奮鬥的鬥志，讓人不斷奮鬥。這種永不知足的精神，成為哈佛的寶貴財富，造就了一批又一批的政治家、科學家和工商管理菁英！

哈佛人認為，「不知足」是一個人正在快速成長的一個代表。從另外一個層面上解讀，不知足，就是為了做得更好，是一種不斷進取、精益求精的姿態。這種姿態，不單單適用於學術領域，我們個人的成長、

商業的發展、社會體制的完善，都需要一種「不知足」的進取和求精的態度。

一天，一位青年在蘋果樹下看書，突然一個蘋果落下來正好砸在他頭上。常人會想：「哦，蘋果熟啦。」可是他卻不同，他認真分析了原因。結果，萬有引力定律問世了，這個年輕人就是牛頓。一次，一位物理學家在澡堂裡洗澡，當他剛一踏進澡盆，水就溢了出來。常識告訴我們：水太多了。他卻不以為然，於是，他仔細研究，最終浮力原理發現了，他就是阿基米德（Archimedes）。如果他們就僅僅滿足於常識，那麼，我想這些原理一定會推遲很多年才問世。

這些科學家正是因為對自己所看到的東西不滿足於現狀，因而為科學做出了很多貢獻。如果科學家滿足於現狀，那麼他們一定會遺憾終生。維勒（Friedrich Wöhler）就是一個例子。有一次，他在實驗時發現了一塊金屬，他查閱了很多資料，覺得和鑭很像，便認定它是鑭。正當他沾沾自喜的時候，瑞典物理化學家肖夫斯特姆（Nils Gabriel Sefström）卻發現不是，而是一種新物質。因此他獲得了諾貝爾獎。由於滿足，維勒失去了得獎的機會。

俄國作家高爾基說：「一個人追求的目標越高，他的才華就發展得越快，對社會就越有益。」一個不斷進取的人在學習上、生活上永不知足，才能不斷前進，取得成就。人生需要激情，人生需要奮進，擁有一個不知足、追求完美的心，才能讓自己變得更優秀。

在西方的哲學史上有一個有趣的小故事，說維根斯坦（Ludwig Wittgenstein）是大哲學家摩爾（G. E. Moore）的學生。有一天，大哲學家羅素（Bertrand Russell）跑來問摩爾：「你這麼多學生，哪個是最好的呢？」摩

爾不假思索地回答說：「維根斯坦。」「為什麼？」羅素問。摩爾答：「因為在所有的學生中，只有維根斯坦在聽課時，總是流露出困惑的神色，並總有一堆的問題。」

歷史的發展正如摩爾所說，維根斯坦很快成長為一位年輕而聲譽日隆的學者，其名氣甚至超過了羅素。於是，又有人問維根斯坦：「羅素為什麼落伍了？」維根斯坦的回答是：「因為他沒有了問題。」

人就要有一種不知足的精神。不知足，才有所得。有的人私欲濃厚，永不知足，處處伸手，是貪心不足。但是，我們所說的不知足，是人人都要有一顆上進心，為事業、為愛好、為自己的追求，永不知足。

愛迪生一生共有一千多件發明創造，有些發明創造已經獲得驚人的成功。他本人也因此享有盛名，但是，他從不沉醉於自己的發明，他無時無刻不在向科學的新領域攀登，同時也無時無刻不在對自己的發明創造持否定態度，而不停頓地加以改進。他自己說：「我是永不會滿足的。」無休止的鑽研，不停頓的改進，這正是愛迪生又一個突出特點。

在他的發明創造中，能夠引起當時社會震驚的，莫過於留聲機了。這也是他的得意發明物。他是耳聾的人，能發明這樣一個發聲的機器已是令人驚駭了。但是，愛迪生在發明它之初，就一改再改。十年過後，他又從架子上的塵埃中把留聲機取下來，毅然決然要改進它。他實實在在地連續工作了五天五夜之久，才獲得了成功。還有這樣的數字完全可以證明他的鑽研精神：他光在留聲機上的發明專利權就超過一百件。當我們看到今天的留聲機的時候，不要忘記這裡面滲透著愛迪生無數辛勤勞動的血汗。如果沒有一種永不滿足的鑽研精神是難以做到的。

作為青少年朋友，如果想要在未來成為一個優秀的人，首先得有一

顆不知足的心，然後跟隨著內心，不斷地去探索、滿足它，在我們每一次滿足那顆不知足的心的時候，我們就已經在進步，在向成功邁進。

哈佛小測試

你有不知足的進取心嗎？

餓肚子是一件令人難受的事情。今天下課，你不幸遇上大塞車，沒有吃上午飯。回到家時，你已經是飢腸轆轆了；更可悲的是，你的爸爸媽媽今天要請客人到家吃飯，而客人又還沒到。一向家教嚴謹的你，當然不敢先開動。這時的你，應該怎麼辦呢？到底是肚子問題重要，還是面子重要？

A. 即使會餓死，也執意等下去。

B. 先找些零食、泡麵什麼的，墊墊肚子。

C. 婉轉地告訴爸爸媽媽你餓了。

D. 餓死人不償命，管他三七二十一，趕快去吃點好的。

結果分析

選擇A：酷，你真是酷！倔強得可以，標準的死要面子！告訴你喔，你若是將這股狠勁發揮到工作上，你就是那個前途不可限量之人呢！

選擇B：有很強的競爭心，做事常常會因為太過衝動而失控。

選擇C：真是羨慕你啊，不經過大腦思考，任何事都敢去做。只要你想做，世上沒有人能阻擋得了你的計畫。

選擇 D：你這個人啊，真是可愛到家了，做壞事也要拖人下水。然而由於你的能言善辯，的確也有好些人無法拒絕你。更由於你有絕佳的細密心思，做事不會瞻前顧後，所以你的人緣通常都是不錯的。

不留戀過去，時刻保持一顆歸零的心

進步，意味著目標不斷前移，階段不斷更新，它的視影不斷變化。

—— 雨果（Victor Hugo）

哈佛大學的校長曾經講過一段自己的親身經歷：

那一年，他向學校請了三個月的假，然後隻身一人去了美國南部的農村。他沒有告訴家人要去什麼地方，只是每個星期給家裡打個電話，報個平安。

他拋棄了以往的所有榮耀，嘗試著過另一種全新的生活。在偏僻的農村，他到農場去打工，去飯店刷盤子。在田地做工時，他會背著老闆抽根菸，或和自己的工友偷偷說幾句話，這些都讓他感到有一種前所未有的愉悅。最有趣的一件事情是，他在一家餐廳找到一份刷盤子的工作，可是只做了幾個小時，老闆就把他叫來，要跟他結清薪水。老闆很不客氣地對他說：「可憐的老頭，你刷盤子太慢了，你被解僱了。」

這個「可憐的老頭」只能重新回到哈佛，回到那個再熟悉不過的工作環境，然而這時他卻感覺以往那些熟悉的東西都變得新鮮有趣起來，工作簡直成為一種全新的享受。這幾個月的經歷讓這個「可憐的老頭」感覺新鮮而有趣。更重要的是，這種原始的狀態不自覺地清理了原來心中累

積多年的「垃圾」，讓這個老頭的生活重新煥發出勃勃的生機。

不留戀過去，就是時刻保持一顆歸零的心，就是把自己心靈裡的一切清空、把已經擁有的一切剝除、一切歸於零的心態。榮耀與成功僅代表過去，如果一個人沉迷於以往成功的回憶，那就永遠不能進步。要想不斷進步，就要擁有歸零的心態。歸零的心態就是空杯、謙虛的心態，就是重新開始。正如同人們所說的，第一次成功相對比較容易，第二次卻不容易了，原因是不能歸零。只有把成功忘掉，心態歸零，才能面對新的挑戰。擁有一種歸零的心態，自己的每一天都是一個原點，每一天都有一個嶄新的心態。學習新知識，接觸新事物，保持歸零的心態，才能不斷發展，創造新的輝煌。

喬納森是一位資工博士，剛到美國的時候，他期望能夠找到一份理想的工作，可是求職履歷都不知道寄了多少份出去，全部都如同石沉大海一般毫無回應。

在導師的指導下，喬納森去了一家職業介紹所，他並沒有出示任何學位證件，而是以最低身分做了登記。沒想到，喬納森居然很快接到了這家職業介紹所的通知，被一家公司錄用了。雖然職位是最初級的程式輸入人員。但是喬納森很珍惜這份工作，做得很投入、認真。不久，老闆發現喬納森能察覺出程式中不易察覺的問題，能力非一般程式設計師可比。此時，喬納森拿出了學士學位證書，老闆給他換了相應的職位。

一段時間之後，老闆發現喬納森能提出很多獨特的建議，其本領遠比一般大學生高明。此時，喬納森又拿出了碩士學位證書，老闆又立刻提拔了他。

這樣又過了半年，老闆發現喬納森能夠解決實際工作中遇到的所有

技術問題，於是決意邀請他去自己家中吃飯。在飯桌上，在老闆的再三盤問下，喬納森才承認自己是資工博士，由於找工作的時候四處碰壁，就把博士學位瞞了下來。老闆讚許地點了點頭。

第二天一上班，喬納森還沒來得及出示博士學位證書，老闆已經當著所有員工的面宣布，喬納森就任公司的副總經理了。

榮譽是一個人的資本，一個人的成績，可是如果對過去的榮耀死守不放的話，我們就可能一事無成。所以我們不妨選擇放下，放下那些曾經的輝煌和榮耀，輕裝上路，不斷地超越自己。方仲永小時候智慧過人，算是「天才兒童」，可是整日「環謁於邑人，不使學」，最後終於「泯然眾人矣」。愛迪生被稱為「發明大王」，可是晚年因驕傲、滿足，沒有什麼重大發明。這些例子都告訴我們，在取得成績與榮耀的時候，不能留戀過去，而是應該時刻保持一顆歸零的心，只有讓自己每天都從零開始，後面的生活才會綻放出更加輝煌的精彩。

哈佛小測試

你有自負心理嗎？

假如你今天情緒非常的「鬱悶」，下列四種方法你會選擇哪一種來作為排解方式？

A. 希望像他人一樣喧鬧一番。

B. 做不可告人的壞事。

C. 培養新興趣。

D. 剪短頭髮。

結果分析

選擇 A：希望像他人一樣，暫且忘記自我的行為，自然不願引起他人的側目，此種人的自負程度非常低。

選擇 B：做不可告人的壞事，無非是希望在排遣煩憂時把他人牽扯進來，屬於自我本位強的人。

選擇 C：培養新興趣的人，是屬於自我滿足型，不會太自我本位。

選擇 D：剪短頭髮的人，希望給周圍的人一些刺激，藉以排遣無聊時刻，是自我本位最強的人。

拚著一切代價，奔你的前程

拚著一切代價，奔你的前程。

—— 巴爾札克

哈佛的一位大學者說：「苦難是一所學校，真理在裡面總是變得強而有力。」每一個渴望成功的人都需要到其中接受教育。歷經風雨的洗禮，生命才能煥發別樣的光彩。人生的旅程，如同穿越崇山峻嶺，時而風吹雨打，困頓難行；時而雨過天晴，鳥語花香。當苦難來臨時，有的人自怨自艾，意志消沉，一蹶不振；而有的人則不屈不撓，與苦難奮鬥，成為生活的強者。

在哈佛學子看來，成功者與失敗者並沒有多大的差異，只不過是失敗者走了九十九步，而成功者走了一百步。失敗者跌下去的次數比成功

者多一次，成功者站起來的次數比失敗者多一次。

在德國，有一位名叫班納德的老人，在風風雨雨的 50 年間，他遭受了 200 多次磨難的洗禮，成為世界上最倒楣的人，同時也成為世界上最堅強的人。

他出生後 14 個月，摔傷了後背；之後又從樓梯上掉下來摔殘了一隻腳；再後來爬樹時又摔傷了四肢；一次騎車時，忽然一陣大風，把他吹了個人仰車翻，膝蓋又受了重傷；13 歲時掉進了下水道，差點窒息；一次，一輛汽車失控，把他的頭撞了個大洞，血如泉湧；又有一輛垃圾車，倒垃圾時將他埋在了下面；還有一次他在理髮廳中坐著，突然一輛飛馳的汽車駛了進來……

他一生倒楣無數，在最為晦氣的一年中，竟遇到了 17 次意外。

但更令人驚奇的是，老人至今仍舊健康地活著，心中充滿著自信，因為歷經了 200 多次磨難的洗禮，他還怕什麼呢？

苦難，是人生修煉的最高學府，正如盧梭在《愛彌兒》(Émile) 一書中說：我的一生中曾有過短暫的得意，幸運的時刻，它們幾乎都沒有給我留下持久的回憶；相反，在那些艱苦的歲月裡，我卻總是滿懷溫馨、甜美的感情為受傷的心靈抹上香膏，將痛苦化為歡樂，而把當時的苦和累忘得一乾二淨。在苦難和挫折面前，只有成功者才不會被它們所壓倒，也正是他們在苦難中學會了堅持，所以苦難成了他們通向成功路上的一張「通行證」。

美國前總統柯林頓也擁有一個很不幸的童年。在他出生的前四個月，父親因為車禍意外身亡。他母親因無力養家，只好把出生不久的他託付外公撫養。小時候的柯林頓深受外公和舅舅的影響，他從外公那裡

學會了忍耐和平等待人，從舅舅那裡學到了說到做到的男子漢氣概。在他七歲的時候，母親將他接到溫泉城，和繼父一起生活。不幸的是，雙親之間常因意見不合而發生激烈衝突。繼父嗜酒成性，酒後經常虐待柯林頓的母親，小柯林頓也經常遭其斥罵。這給從小就寄養在親戚家的小柯林頓的心靈蒙上了一層陰影。

由於童年生活的坎坷，柯林頓更希望得到別人的喜歡和認可。他在中學時代非常活躍，一直積極參與班級和學生會活動，並且有較強的組織和社交活動能力。他是學校合唱隊的主要成員，而且被樂隊指揮定為首席吹奏手。

1963 年夏，他在「中學模擬政府」的競選中被選為參議員，應邀參觀了首都華盛頓，這使他有機會看到了「真正的政治」。參觀白宮時，他受到了甘迺迪總統的接見，不但與總統握了手，而且還和總統合影留念。

此次華盛頓之行是柯林頓人生的轉捩點，使他的理想從當牧師、音樂家、記者或教師轉向了從政，夢想成為甘迺迪第二。

有了目標和堅定的意志，柯林頓此後 30 年的全部努力，都緊緊圍繞這個目標。上大學時，他先讀外交，後讀法律 —— 這些都是政治家必須具備的知識修養。離開學校後，他一步一個腳印：律師、議員、州長，最後達到了政治家的巔峰 —— 總統。

霍蘭德 (John Holland) 說：「在最黑的土地上生長著最嬌豔的花朵，那些最偉岸挺拔的樹木總是在最陡峭的岩石中扎根，昂首向天。」不要詛咒目前的黑暗，你所要做的就是做好準備，迎接光明，因為黑暗只是光明的前兆。很多時候，你認為自己承受不了的事，往往卻能夠不費力氣地承受下來，人生沒有承受不了的事，相信自己。其實，只要努力，這

些困難並不像你想像的那樣可怕。只要勇敢面對，你就能夠承受得了。等你適應了那樣的不幸以後，就可以從不幸中找到幸運的種子了。

在人生的旅途中，為什麼有的人能成功，而有人的卻僅僅差一步之遙還是跌入了失敗的深淵。就是因為那些成功者，即使面對的是極其渺茫的希望，不到最後一刻，他也不會放手，而是死死抓住這點希望不放，在最後的堅持中贏來奇蹟的出現。成功最青睞執著的人，這類人即使是在最黑暗的夜晚，也會堅定信念，信心滿滿地向前走，勇敢地穿越漫漫長夜，最終迎來陽光燦爛的日子。作為青少年朋友，想要獲得成功，就應該將「不拋棄、不放棄」作為人生的一種信念，無論遇到什麼困難、什麼挫折，都將它們當作人生修煉的最高學府，勇敢地走出去，那麼成功就離我們不遠了。

哈佛小測試

一位邏輯學家誤入某部落，被囚於牢獄，酋長欲意放行，他對邏輯學家說：「今有兩門，一為自由，一為死亡，你可任意開啟一門。現從兩個戰士中選擇一人負責解答你所提的任何一個問題（Y/N），其中一個天性誠實，一人說謊成性，今後生死任你選擇。」邏輯學家沉思片刻，即向一戰士發問，然後開門從容離去。邏輯學家應如何發問？

問：如果我問另一個人死亡之門在哪裡，他會怎麼回答？

最終得到的回答肯定是指向自由之門的。

哈佛凌晨四點半（全球百萬冊紀念版）：

圓夢規劃 × 自我紓解 × 情緒管理 × 交友法則，掌握哈佛成功策略，從自我管理到社交技巧的全面提升！

編　　著：韋秀英

發　行　人：黃振庭

出　版　者：沐燁文化事業有限公司

發　行　者：沐燁文化事業有限公司

E-mail：sonbookservice@gmail.com

粉　絲　頁：https://www.facebook.com/sonbookss/

網　　址：https://sonbook.net/

地　　址：台北市中正區重慶南路一段61 號 8 樓

8F., No.61, Sec. 1, Chongqing S. Rd., Zhongzheng Dist., Taipei City 100, Taiwan

電　　話：(02)2370-3310

傳　　真：(02)2388-1990

印　　刷：京峯數位服務有限公司

律師顧問：廣華律師事務所 張珮琦律師

-版權聲明

定　　價：375 元

發行日期：2024 年 06 月第一版

◎本書以 POD 印製

Design Assets from Freepik.com

國家圖書館出版品預行編目資料

哈佛凌晨四點半（全球百萬冊紀念版）：圓夢規劃 × 自我紓解 × 情緒管理 × 交友法則，掌握哈佛成功策略，從自我管理到社交技巧的全面提升！/ 韋秀英 編著 . -- 第一版 . -- 臺北市：沐燁文化事業有限公司，2024.06

面；　公分

POD 版

ISBN 978-626-7372-54-8(平裝)

1.CST: 成功法 2.CST: 菁英教育

177.2　　113006728

電子書購買

爽讀 APP

臉書

獨家贈品

親愛的讀者歡迎您選購到您喜愛的書，為了感謝您，我們提供了一份禮品，爽讀 app 的電子書無償使用三個月，近萬本書免費提供您享受閱讀的樂趣。

ios 系統　　　　**安卓系統**　　　　**讀者贈品**

請先依照自己的手機型號掃描安裝 APP 註冊，再掃描「讀者贈品」，複製優惠碼至 APP 內兌換

優惠碼（兌換期限2025/12/30）
READERKUTRA86NWK

爽讀 APP ＝＝＝＝＝＝＝＝＝＝＝＝＝＝＝＝＝＝＝＝＝＝＝＝＝＝

📱 多元書種、萬卷書籍，電子書飽讀服務引領閱讀新浪潮！

🎧 AI 語音助您閱讀，萬本好書任您挑選

🔍 領取限時優惠碼，三個月沉浸在書海中

🔔 固定月費無限暢讀，輕鬆打造專屬閱讀時光

不用留下個人資料，只需行動電話認證，不會有任何騷擾或詐騙電話。